완벽하지
않아도

참 괜찮은
어른

완벽하지
않아도

참 괜찮은
어른

이서원
지음

○ 프롤로그

어른은
없다

"진짜 어른이란 누구인가?"

이 하나의 질문에 답하기 위해 책을 쓰기 시작했다. 그리고 펜을 내려놓으며 깨달았다. 우리가 상상하는 그런 어른은 세상에 존재하지 않는다는 사실을. 어떤 특정한 외모와 내면을 가진 사람을 찾아 어른이라 부르겠다는 나의 꿈은 신기루였다.

모든 사람 안에는 아이와 어른이 혼재되어 있었다. 어떤 사람은 아이의 모습이 더 많아 아이처럼 살 뿐이었고, 어떤 사람은 어른의 모습이 더 많아 어른처럼 살 뿐이었다.

완벽한 아이도 어른도 존재하지 않았다.

그러자 오히려 희망이 생겼다. 어른은 고정된 하나의 상이 아니라 시시각각 변하는 것이기에, 누구나 마음만 먹으면 충분히 어른이 될 수 있었다. 예를 들어 변화하는 상황과 조건 안에서 가장 좋은 말과 행동이 무엇일까를 고민하는 사람은 어른이었다. 그러나 고인 물처럼 언제 어디서나 같은 생각과 행동을 하는 사람은 아이였다.

어느 시대나 어른이란 배우려는 사람이며, 배움을 내 일상에 적용하려는 사람이었다. 나이는 중요하지 않다. 어린아이라도 가족과 친구들 사이에서 무슨 일이 있을 때마다 곰곰 생각해서 가장 좋은 방법을 찾으려고 애쓰면 이미 어른이다. 반대로 무슨 일이 있어도 자기 생각이 옳다고 우기고 자기 방법만 주장하는 사람은 나이가 많아도 철부지 아이에 불과하다.

아이와 어른이 혼재한 우리는 선택에 따라 어리석은 아이가 되기도 하고, 현명한 어른이 되기도 한다. 이렇게 유동적인 상황에서 우리가 할 수 있는 일은 지혜로운 어른이 되기 위해 노력하는 일밖에 없다. 더 배우려 하고, 더 노력하는 사람이 진짜 어른이다.

그런 어른의 모습을 코끼리라 한다면, 이 책은 코끼리

의 코도 만져보고, 다리도 만져보며 서서히 코끼리의 모습을 가늠해 보는 길잡이 역할을 할 것이다. 물론 완벽한 어른이 존재하지 않는 것처럼 딱 정해진 모습의 코끼리를 제시하지는 않는다. 다만 지금 내게 필요한 코끼리의 모습이 무엇인지 고민해볼 수 있을 뿐이다.

나는 이 책을 마치며 조금 더 어른이 된 나를 발견할 수 있었다. 이 책을 읽는 분들도 조금 더 어른으로 변해가는 자신의 모습을 발견하는 기쁨을 누리길 바란다. 어른은 없다. 어른이 되려는 당신이 바로 진짜 어른이다.

두 손과 마음을 모아
이 서 원

목차

프롤로그 어른은 없다 005

I
어른의 시선

마음대로 되는 게 마음밖에 없다 ○ 순응	015
3대가 사이좋게 사는 비결 ○ 참견과 간섭	021
인생은 해석학이다 ○ 일과 놀이	028
바로 당신이 큰바위얼굴을 가진 사람 ○ 완벽함	034
나이가 들면 시시해진다는 거짓말 ○ 동심	040
사람을 사람으로 대하면 ○ 믿음	046
삶의 가치관이 일치하는 진짜 친구 ○ 우정	052

II
어른의 말

잘 들어주는 것만으로도 ○ 경청	061
제일 속상한 건 너지 ○ 솔직함	068
진짜 대화에 필요한 세 가지 ○ 소통	074
살리는 말, 죽이는 말 ○ 말투	081
말에는 사람의 체온이 담긴다 ○ 농담	088
차선을 바라는 것이 최선 ○ 호응	094
내려놓을수록 특별해진다 ○ 권위	101

III
어른의 감정

세상 모든 감정은 정상이다 ○ 욕구	111
영원한 개구쟁이 선생님 ○ 호기심	117
가만있어 보자 ○ 절제	123
끝장을 보지 않아도 충분하다 ○ 멈춤	129
집착은 결핍의 자식이다 ○ 의심	135
반복하지 않을 용기 ○ 반성	141
꼭 재미있어야 하나요 ○ 자극	146

IV
어른의 태도

처음부터 잘하는 사람은 없다 ○ 과정   155

그저 좋아서 하다 보니 ○ 목표   160

인생을 싱그럽게 사는 법 ○ 배움   166

그냥 아저씨라고 불러주세요 ○ 자유   171

좋은 일은 내가 잘나서 생기지 않는다 ○ 감사   177

집에서는 사장 노릇 하지 마세요 ○ 역할   183

우리가 탓할 나이는 아니잖아요 ○ 책임   189

V
어른의 용기

우리 그냥 갑시다 ○ 지속   197

어머님, '까지만' 병에 걸리셨습니다 ○ 사랑   203

저 사람은 좋겠나 ○ 공감   209

잠깐 쉬지 않으면 영원히 쉬어야 한다 ○ 휴식   215

개발도상국 아들의 비극 ○ 부탁   220

하나만 잘하면 돼 ○ 몰입   226

즐거운 숲 공동묘지 ○ 죽음   232

VI
어른의 품격

누구도 다 가질 수는 없다 ○ 만족	241
한 번 봐주라 ○ 관용	247
잘 내보내야 건강하다 ○ 취미	252
남돌나방의 비극 ○ 균형	257
나와 사이가 좋아지는 42 ○ 워라밸	262
인생의 목적은 지금 여기 ○ 최선	268
더 낮은 곳에서 본질에 가깝게 ○ 권력	273

I

어른의
시선

마음대로
되는 게
마음밖에 없다

○ 순응

"지금까지 살아보니 내 마음대로 되는 것과 마음대로 되지 않는 것의 비율이 어느 정도이던가요?"

"반반이요."

먼저 30대 초반 남성이 답했다.

"되는 게 1퍼센트예요."

이어 60대 후반 남성이 말했다.

다양한 나이로 구성된 집단 상담에서의 일이다. 연령대별로 질문에 대한 답이 크게 차이가 났다. 아마 60대 남성도 30대에는 되는 일과 안 되는 일의 비율이 반반 정도라고 생각했을 것이다. 그러나 세월이 흐르면서 마음대로 안 되는 일이 점점 늘어났을 테고, 결국엔 고작 1퍼센트 정도만 마음대로 할 수 있다고 믿게 되었을 것이다.

70대 중반 남성이 이 질문에 마지막 종지부를 찍었다.

"1퍼센트요? 마음대로 되는 건 아무것도 없어요. 진짜 마음대로 되는 건 마음밖에 없어요."

나이가 들수록 사소한 일에 큰 기쁨을 느끼고 만족하게 되는 것은 성숙해져서가 아니다. 좌절을 반복해서다. 해도 해도 안 되는 걸 반복하다 보니 어쩔 수 없다고 마음을 내려놓게 된 것뿐이다. 그 결과 사소한 것에 만족하고 기쁨을 누릴 줄 아는 사람이 되는 것이다.

세상일이 내 마음대로 안 된다는 말은 세상일을 내 마음대로 할 수 있는 능력이 없다는 말이다. 건물주가 되어 돈 걱정 없이 월세로 해외여행을 다니는 일은 보통 사람들의 바람이다. 하지만 실제로 그렇게 사는 사람은 많지 않다. 빌딩을 사는 일이 어렵기도 하지만, 빌딩을 살 수 있을 만큼 많은 돈을 벌 수 없기 때문이다.

젊었을 때는 의지를 가지고 열심히 하다 보면 언젠가는 건물주가 될 수 있을 거라 생각한다. 그러나 나이가 들면 그럴 재력도, 운도 없는 사람이 나라는 사실을 받아들이게 된다. 이 간극에서 헤어나려면 현실을 받아들이고 욕심을 깨끗이 내려놓는 수밖에 없다. 그렇게 소박하고 사소한 기쁨에 눈뜨지 않으면 늘 불평불만만 늘어놓는 못난 어른이 된다.

40대 후반에 발견한 암으로 여명이 얼마 남지 않은 동료 교수를 병문안 간 적이 있다. 그가 근심스레 바라보는 사람들에게 말했다.

"지금 제가 제일 하고 싶은 게 뭔지 아세요? 생수 한 모금 시원하게 마시는 거예요. 생수가 뭐라고 제 소원이 물 마시는 게 됐을까요. 신선한 샐러드 한 번 먹고 죽는 것도 소원인데, 물도 못 마시니 꿈같은 얘기지요."

교수의 말에 사람들은 창밖으로 시선을 돌렸다. 그날 집으로 돌아온 나는 애꿎은 생수를 벌컥벌컥 배가 부르도록 마셨다. 그 모습을 아내가 의아한 눈빛으로 쳐다보았다.

'날 그렇게 보지 마. 이게 얼마나 꿈같은 일인지 당신은 몰라.'

속으로 혼잣말을 중얼거렸다.

삶에서 한계는 좌절의 뿌리가 되기도 하지만 또 다른 희망의 싹이 되기도 하다. 한계에 가보지 않은 사람은 아직 어른이 아니다. 이런저런 한계에 부딪힐 때 아이는 거울을 통해 자신이 어떤 사람인지 선명하게 바라보게 되고, 이를 수용하면서 어른으로 성장한다.

몇 년간 신림동에서 고시 준비를 하던 동생이 여러 날 연락을 받지 않았다. 걱정이 깊어진 부모님이 나에게 연락해 무슨 일이 있는 게 아닌지 가보라고 했다. 과연 걱정대로 동생은 여러 날을 방에서 나가지 않고 웅크리고 있었다. 방에는 소주병들이 어지럽게 놓여 있었다. 물끄러미 형을 바라보며 동생이 말했다.

"형, 내가 지금 제일 괴로운 게 뭔지 알아? 내가 여기까지인가, 그런 생각이 드는 게 제일 괴로워."

그 말끝에 동생이 울었다. 나는 오래도록 동생의 말과 눈물을 잊을 수 없었다. 동생은 그해 고시원을 나왔다. 이 길이 내 길이 아닌가벼. 동생은 깨끗이 고시를 접고, 대학원에 진학한 뒤 다른 일을 시작했다. 동생의 얼굴이 해바라기처럼 밝아진 건 고시 공부를 그만둔 뒤였다. 나에게 맞지 않는 일, 내 능력이 부치는 일을 고시라는 한계를 통해 확인한 결과, 동생은 자신답게 살기 시작했다.

원한다고 되는 게 아니다. 노력한다고 되는 것도 아니다. 이 두 가지를 젊어서 알면 인생은 훨씬 효율적이고 효과적일 것이다. 그런데 아무리 현명한 사람이라도 젊었을 때 이 두 가지를 모른다. 다른 건 다 알아도 이 두 가지만 모른다. 세상도 잘 모르고 자신도 잘 모르기 때문이다.

세상사 호락호락하지 않다는 걸 알 때쯤 어른이 된다. 70대 어른의 말처럼 마음대로 되는 건 마음밖에 없다는 걸 알게 되면 인생에 신세계가 펼쳐질 수 있다. 마음대로 되는 게 마음밖에 없다면 그 마음을 잘 쓰면 된다. 욕심을 버리고, 더 많은 사람과 정을 나누고, 늘 좋은 생각 좋은 말로 주변 사람들을 기쁘게 해주면 된다. 돈도 에너지도 필요하지 않은 일이다.

그래서 마음을 잘 쓰는 사람은 말이 곱고 예쁘다. 다른 사람의 미운 짓도 너그럽게 수용한다. 큰일에 크게 놀라지 않고, 작은 기쁨에 크게 기뻐한다. 다른 사람에게 기대하는 바가 적어 실망하지 않고, 작은 고마움도 세밀하게 챙긴다. 비록 건물주는 못 되었지만, 그보다 더 큰 마음의 주인이 되어 세상을 아름답게 한다.

역설적이게도 어른이 된다는 것은 마음대로 되는 게 마음밖에 없다는 사실을 깨닫는 것이다. 그렇게 마음을 자유자재로 다루게 되어 세상에 선한 영향력을 끼치는 것이다. 내 마음은 어른일까, 아이일까? 만약 현실이 마음처럼 되지 않아서 한숨짓고 있다면 오히려 기회로 삼아보자. 마음대로 되는 마음에 미소 짓는 사람이 되어보자.

3대가
사이좋게 사는
비결

○ 참견과 간섭

　내가 상담 스승으로 모시는 선생님은 할아버지, 할머니와 손주까지 3대가 한 건물에 모여 30년 이상 사이좋게 살고 있다. '가지 많은 나무에 바람 잘 날 없다'는 속담처럼 3대가 함께 살면 크고 작은 사건 사고가 많을 텐데, 30년 이상 사이좋게 사는 비결이 무엇일까?

　선생님이 자식, 손주와 사이좋게 사는 비결은 '참견과 간섭'이라는 다섯 글자에서 자유로운 덕분이다. 참견이란 뭘 하라고 하는 것이고, 간섭이란 뭘 하지 말라고 하는 것이다. 선생님 가족들은 모두 서로에게 뭘 하라고 하지도 않고, 뭘 하지 말라고 하지도 않는다. 그 덕에 얼굴을 붉히거나 뒷말이 없이 30년을 살고 있다.

예를 들면 추석에 1층에 사는 선생님 댁에 사과나 배 같은 과일 상자가 추석 선물로 들어온다. 그럴 때 선생님은 1층에서 먹을 사과나 배 몇 개를 빼고 상자 그대로 위층으로 올라가는 계단에 둔다. 그러면 자식이나 손주 가운데 가져갈 사람은 가져가고, 먹고 싶은 마음이 없는 사람은 그냥 둔다. 사과가 들어왔으니 가져다 먹으라는 소리를 일절 하지 않는다. 먹고 싶은 만큼 가져가서 먹으라는 소리다. 좋은 게 있으니 너도 해보라는 참견이 아예 끼어들 여지가 없는 구조를 집을 처음 지어 함께 살 때부터 만들어둔 것이다.

또 아무리 아들이나 딸 집이라도 가고 싶으면 미리 예약해야 한다. 보고 싶다고 덜컥 문을 두드리거나 허락도 없이 문을 열고 들어가는 일은 금지 사항 중 으뜸이다. 자식들도 각자의 일정이 있고 생활이 있으니, 부모라는 이유로 침범하면 안 된다는 원칙을 그렇게 실천하고 있는 것이다. 그래서 함께 살지만 다른 곳에 사는 듯한 자유와 자율성을 유지하면서 생활한다.

며느리가 주말 아침에 옷을 말끔히 입고 집을 나서는 모습을 볼 때 시어머니는 어디 가느냐고 묻지 않는다. 그건 간섭이기 때문이다. 어디 가는 걸 알면 어떻게 할 건가. 못 나가게 할 건가. 빨리 들어오라고 할 건가. 어디 가느냐는 질문에 이어 언제 오느냐 하는 말까지 보태면 본격적인 간섭이 된다. 이상한 사람 만나지 말고, 늦게 오지도 말라고, 하지 말라는 간섭을 하는 것이다. 그래서 어디 가느냐고 묻지도 따지지도 않고 "잘 다녀와라." 하고만 말한다. 며느리가 저녁에 돌아올 때도 마찬가지다. 어디 다녀왔느냐, 뭘 했느냐를 일절 묻지 않는다. 대신 "재미있게 보냈니?"라고만 물어본다. 대답의 수위와 정도는 철저히 며느리가 결정한다. 기분이 좋으면 미주알고주알 이야기할 수도 있고, 별로면 "네." 대답만 하고 올라가도 된다. 그러다 보니 며느리는 어디를 나갈 때 시부모 눈치를 전혀 보지 않는다. 나갈 때 잘 다녀오라는 환송을 받고, 들어올 때 재미있었느냐는 환영을 받으니 기분 상할 일이 없다.

이런 원칙을 세우게 된 이유는 선생님이 평생 정신과 전문의로 지내면서 마음 힘들게 사는 수많은 환자를 보고 관계에 대해 깨달은 바가 있기 때문이다. 가족과 함께할 때 즐겁지 않고 힘든 이유에는 여러 가지가 있겠지만, 우리나라의 경우 '참견과 간섭'이 가장 큰 원인이었다. 그 사실을 수없이 확인한 선생님은 3대가 함께 살 때 가장 먼저 참견하고 간섭하는 일을 없애야겠다고 결심했다. 그래서 네팔 히말라야산맥에 전설처럼 내려오는 설인의 이름 '예띠Yeti'를 가져와 '예띠의 헌장'이라고 3대가 지켜야 할 가족 규칙을 가족이 모두 모여 만들고, 그것을 마치 국가의 헌법처럼 지키면서 살고 있다.

내 결혼 주례를 선생님이 서주셨는데, 선생님에게 가장 배우고 싶었던 것 역시 참견도 간섭도 하지 않는 가족생활이었다. 나는 아내와 살면서 참견하지 않고, 간섭하지 않으려면 어떻게 해야 할까 고민했다.

먼저 각자의 휴대폰을 열어보지 않기로 약속했다. 비밀번호를 따로 설정하지 않은 것은 그 약속을 굳게 믿기 때문이었다. 지금은 비밀번호를 설정했는데, 사회생활을 하면서 필요에 의한 것이지 무언가를 감추기 위함이 아니다. 그래서 아예 비밀번호도 아내와 같은 거로 설정했다.

다음으로 서로의 취미를 존중하기로 했다. 텔레비전을 좋아하는 아내는 거실에서 언제든 텔레비전을 보고, 책 읽기를 좋아하는 나는 언제든 서재에서 책을 보고 글을 쓰는 생활을 결혼 후 지금까지 이어오고 있다. 이 드라마를 보라거나, 이 책 한번 읽어보라는 소리를 여태 한 적이 없다. 지금도 동네 카페에 함께 가면 아내와 마주 앉아 각자 보고 싶은 유튜브를 보고, 자료를 찾고 글을 쓰거나 음악을 듣는다. 공통으로 하는 것은 가끔 서로 눈을 쳐다보고 웃는 정도다.

'따로 또 같이'의 부부 생활을 20년 이상 하다 보니, 아내를 생각하면 들판의 자유롭고 시원한 바람이 떠오른다. 이런 부부 문화 덕분에 나는 총각인 것처럼 내가 만들고 싶은 모임을 뚝딱 만들고, 행사를 기획하고, 사람들과 즐거운 식사를 하고, 이벤트를 하며 살아왔다. 아내는 모임 5주년 기념식 같은 때, 나도 한번 가보고 싶다는 이야기를 할 때만 잠시 참석하는 정도다. 그러다 보니 결혼으로 구속되었다는 생각이 전혀 들지 않고, 오히려 보이지 않는 지원을 받으며 총각 때보다 더 신나게 마음껏 살아가고 있다. 아내 또한 배우고 싶은 게 있으면 언제든 학원에 등록해서 배우고, 만나고 싶은 사람이 있으면 만나면서 자유로운 결혼 생활을 즐기고 있다.

아들이 태어난 뒤에도 선생님 댁에서 배운 참견과 간섭을 하지 않는 원칙을 그대로 유지했다. 같은 집에 살지만 아이 방에는 아이 허락 없이 들어가지 않음을 철칙으로 삼

앉다. 아이 방에 늦게까지 불이 켜져 있으면 언제쯤 잘 건지 묻기는 해도 몇 시에는 자라고 참견하지 않았다. 건강이 걱정되면 다음 날 식탁에서 몇 시에 잤는지, 몸은 괜찮은지 묻고 가족회의를 하는 것처럼 취침 시간에 대해 상의를 하는 정도였다.

그러다 보니 아이도 자연스레 자율적인 아이로 성장했다. 아이는 중학교를 기숙사가 있는 학교로 진학했는데 다행히 기숙사에 있던 아이들과 잘 어울리며 금방 적응했다고 한다. 그것은 아이가 기숙사 다른 방 아이 생활에 일체 참견하거나 간섭하지 않았기 때문에 가능한 일이었다. 아들이 그렇게 생활하자 불쑥 아들 방에 찾아오는 친구도 없었다고 한다. 미리 약속을 잡고 노크하고 들어오는 친구들 덕분에 아들은 기숙사에 있으면서도 혼자 사는 듯한 자유를 느끼며 고등학교까지 생활할 수 있었다.

선생님은 곤경에 처한 많은 환자와 이야기를 나누며 어른을 어른답지 못하게 만드는 건 참견과 간섭이라는 사실을 깨달았다. 그리고 나는 선생님 덕분에 힘들이지 않고 어른답게 사는 삶을 배워 내 인생에 적용할 수 있었다. 지금 이 책을 보는 독자 가운데 나도 참견과 간섭으로부터 자유로운 삶을 살아야겠다고 결심하는 이가 있다면, 나보다 더 쉽게 어른답게 사는 법을 배우는 셈이니 행운의 주인공이라 하지 않을 수 없다. 가족들에게 참견과 간섭이 없는 자유로운 삶을 살게 해주는 사람이 진정 멋진 어른이다.

인생은
해석학이다

○ 일과 놀이

살다 보면 간혹 어처구니없는 일을 겪게 될 때가 있다. 그런데 어처구니없는 일을 수시로 겪는 직업도 있다. 바로 택시기사다. 얼마 전 제법 먼 거리를 택시로 이동할 일이 있었다. 가는 길이 적적했는지 택시기사님은 어제 겪은 어처구니없는 일을 푸념하듯 내게 털어놓았다.

"글쎄 한 사람은 술을 얼마나 많이 마셨는지 타자마자 뒷자리에 벌러덩 드러누워서는 몇 해 전 술 마시다 돌아가신 아버지를 그렇게 원망하고 욕을 하더라니까요. 그래서 앉아서 말씀하시라 했더니 다짜고짜 제게도 욕을 하면서 내 돈 내고 내가 눕는데 무슨 상관이냐고 그러더라고요. 정말 진상도 그런 진상이 또 없었죠. 혹시나 험한 꼴 당할까 봐 입을 꾹 닫고 운전만 했습니다. 살다 보니 참 별꼴을 다 당합니다."

나는 나이 드신 기사님의 기분이 많이 상하셨겠다며 위로의 말을 건넸다. 그러자 기사님은 기분이 나아졌는지 좋은 손님을 태웠던 이야기도 여러 개 들려주었다. 그러고는 이렇게 말했다.

"손님, 제가 운전대 잡은 지 올해로 10년이 됐습니다. 그런데 보세요. 서울이 이렇게 넓지 않습니까? 이 넓은 서울을 여기저기 살펴보고 놀며 일할 수 있는 직업이 얼마나 되겠어요? 저는 택시 운전 10년 하면서 안 가본 곳이 없어요. 그렇게 택시로 실컷 놀다 보니 10년의 세월이 후딱 지나갔습니다."

기사님 이야기에 나도 덩달아 기분이 좋아졌다.

"정말 그렇네요. 기사님처럼 생각하면 택시 운전은 일이 아니라 노는 거네요."

"그렇지요. 이게 노는 거예요. 산동네도 가보고, 잘 사는 데도 가보고. 이런 손님도 태워보고, 저런 손님도 태워보고. 그때마다 친구 바꿔가며 새로운 곳에서 노는 거라고 생각하니 택시 운전하길 정말 잘했다 싶어요."

비록 어제 취객을 태우고 어처구니없는 일을 당했지만, 기사님의 즐거운 놀이터까지는 망가지지 않았음을 느낄 수 있었다. 다행이었다.

기사님 얘기를 듣다 보니 문득 일본에 갔을 때 만난 전자상가의 어떤 할아버지가 떠올랐다. 휴대용 오디오를 사러 간 그곳에서 멜빵바지를 걸친 할아버지는 헤어진 이산가족이라도 만난 듯 나를 반갑게 맞이했다. 내가 서툰 영어로 오디오를 찾는다고 말하자 할아버지가 더 서툰 영어로 오디오 제품에 관해 설명했다. 그는 아끼는 보물을 꺼내듯 오디오들을 소중히 내보이며 귀찮은 내색 없이 기능과 작동법에 대해 알려주었다.

그런데 나는 오디오보다 할아버지의 눈빛에 자꾸만 시선이 갔다. 오디오에 관해 설명하는 할아버지의 눈빛이 마치 맑은 수정처럼 반짝거렸기 때문이다. 이유가 무엇일까? 한참 뒤에야 나는 그 답을 찾았다. 그것은 할아버지가 이 일을 정말 사랑하고 즐기기 때문이었다. 누군가에겐 고작 오디오에 불과했지만, 할아버지에겐 자신의 인생을 바칠 정도로 소중한 무엇이었다. 할아버지의 친절한 설명 덕분에 나는 원하는 오디오를 살 수 있었다. 흡족한 마음으로 돌아서 나오는데 할아버지가 밖으로 나와 내게 90도 인사를 하고 엄지 척까지 해주었다. 그날의 기분은 오래도록 기억에 남아 일본 여행의 만족도를 높여주었다.

몇 달 후 나는 다른 오디오가 필요해 우리나라의 전자상가에 갔다. 기기들을 둘러보는데 중년 아저씨가 아래위로 나를 훑으며 "뭐 찾아요?" 하고 반말인지 높임말인지 모를 말을 툭 던졌다. 내가 찾는 제품을 이야기하자 귀찮다는 듯이 몇 개를 꺼내 보이고는 딴전을 피웠다. 제품에 대한 설명은 따로 없었다. 내가 어떤 게 다르냐 물었더니 돌아온 대답이 더 가관이었다. 다 똑같고 회사만 다르다는 것이었다. 기분이 확 상했다. 그의 얼굴에는 이렇게 적혀 있었다. '사려면 얼른 사. 나 이런 장사하려고 사는 사람이 아니야. 아, 귀찮아.' 일본에서 만났던 할아버지를 떠올리지 않을 수 없었다. 똑같은 물건을 파는데 어쩜 이렇게 표정이 다를 수 있을까.

그 뒤로 나는 택시를 타거나 물건을 살 때 상대방의 표정을 살피는 습관이 생겼다. 그런데 아쉽게도 일본 할아버지 같은 분들보다는 전자상가에서 만난 중년 아저씨 같은 표정을 가진 이가 더 많았다. 대략 세 사람 가운데 두 사람 정도가 일을 하면서도 불행한 표정을 짓고 있었다. '목구멍이 포도청이라 할 수 없이 이 일을 하는 거지, 사실 난 이 일이 별로 좋지 않아. 이런 일을 하는 내가 나는 별로 마음에 들지 않아.' 그런 생각이 표정에 고스란히 담겨 있었다.

그런 와중에 택시 기사님 같은 분을 만나 뵈니 오랫동안 흐렸던 하늘이 다시 맑아지는 기분이었다. 자기 일을 이렇게 좋아하는 사람이 또 있었구나. 보통 원하는 일을 하는 게 행복해지는 길이라던데, 어차피 해야 하는 일이라면 즐기고 사랑하는 게 행복으로 가는 더 빠른 지름길일 수 있겠어. 그렇다. 어른은 일이 싫다고 짜증 내고 한숨 쉬는 사람이 아니라 주어진 일에서 의미와 행복을 찾는 사람이다.

몇 해 전 내가 쓴 책 제목은 『어디 인생이 원하는 대로 흘러가던가요』다. 살아보니 내가 원하는 사람을 만나고, 원하는 일을 하는 경우는 열 번에 한 번꼴이었다. 나머지는 원하지 않는 사람을 필요에 의해 만나고, 원하지 않는 일을 어쩔 수 없이 해야 했다. 그럴 때마다 내 운명을 한탄하고 화를 내면 우리는 제 명에 살 수 있을까? 이럴 때 어른의 자세가 필요하다. 단점보다는 장점을 먼저 보려 노력하고, 불평보다는 배울 점을 찾는 것. 감사한 일에는 더욱 감사한 마음으로 보답하는 것.

택시 기사님의 10년은 다시 생각해봐도 실로 아름답다. 궂은 날씨에 어두운 길을 달리고, 온갖 진상을 만나고, 교통 체증에 시달리면서도 자기 일을 '실컷 서울 구경하고 새로운 체험도 하는 노는 경지'로 만들었다. 인생은 때로 해석학이다. 부정적이고 힘든 일을 어떻게 해석하느냐에 따라 다음의 선택지가 달라진다.

모진 고문으로 평생을 고생했지만, 천상병 시인은 세상을 떠나면서도 "이 세상 소풍 끝나는 날, 가서 아름다웠다고 말하리라" 하고 노래했다. 살다 보면 간혹 어처구니없는 일을 겪게 되지만, 그런 일은 누구에게나 똑같이 생기지만, 그 일을 해석하는 방법은 사람마다 다르다. 이왕이면 내게 도움이 되는 방향으로 해석하고 즐겁게 사는 사람, 그 사람이 좋은 어른이다.

바로 당신이
큰바위얼굴을 가진
사람

○ 완벽함

　십여 년 전 인상 깊게 본 책이 있다. 히라노 게이치로라는 작가가 쓴 『나란 무엇인가』였다. 그는 나라는 존재를 더 이상 나눌 수 없는 고정된 의미의 개인個人, individual이 아니라 사람이나 상황에 따라 다르게 말하고 행동할 수 있는 분인分人, dividual의 개념으로 설명했다. 현대사회에서 '나'란 실체를 명확히 규정하기란 어려운 일이며, 나라는 사람을 '1'이라는 정수로 나타낼 수 있다면 분인들을 아무리 합해도 '1'이 된다는 것이다.

　나는 그의 말에 공감했다. 그리고 속이 후련해졌다. 지금껏 살면서 스스로 던졌던, 또 많은 사람이 나에게 물었던 질문의 답을 시원하게 찾은 것 같았다.

"제가 도대체 어떤 사람인지 모르겠어요."

"저는 어떤 사람인 것 같아요?"

"나는 도대체 누구일까요?"

산사에서 스님과 함께 살던 몇 해 동안 가장 많이 들었던 말도 '나는 누구인가?'였다. 오랫동안 배움의 끈을 놓지 않은 스님들도 '나는 누구인가?'의 답을 찾기 위해 명상을 거듭했다. 그렇게 평생 짊어지고 있던 의문 하나가 책 한 권으로 툭 풀려나가는 느낌이 들었으니 얼마나 즐거웠겠는가.

나란 실체는 없다. 이런저런 말과 행동을 하는 그런 모습을 모두 합한 게 나다. 그러므로 나는 고정되어 있지 않다. 매일매일 달라진다. 내가 선택하는 것이 나를 다른 나로 만들어간다. 더 나빠지는 내가 될 수도 있고, 더 나아지는 내가 될 수도 있다. 고정된 나를 찾아 나가는 게 인생이 아니다. 아무 모양도 없는 나를 매 순간 다른 선택을 하며 만들어나가는 게 인생이다.

내가 누군지 모르겠다며 상담실을 찾은 사람들에게 "그 모든 걸 합한 게 바로 당신이에요."라는 말은 큰 위로가 되었다. 내담자들은 모두 고개를 끄덕이며 "그런 거였

군요." 하는 반응을 보였다. 다음 질문은 자연스럽게 "그럼 이제 나는 어떻게 사는 게 좋을까?"로 이어졌다. 물론 답은 이미 나와 있었다. 그때그때 잘 선택하면 된다.

사람들과 대화를 나누다 보면 이런 질문을 받을 때가 있다.

"혹시 존경하는 분이 있나요? 닮고 싶다고 생각한 사람이 있다면 알려주세요."

안타깝게도 그때마다 나는 제대로 답을 하지 못했다. 닮고 싶은 어른이 없었기 때문이다. 다른 사람들은 다 있는데 나만 닮고 싶은 사람이 없다는 사실이 때로는 의아하게 느껴졌다. 내가 너무 거만한 게 아닌가 하는 생각도 들었다.

그런데 이 책을 읽으며 그 답답함을 해소할 수 있었다. 내가 존경할 만한 미덕을 모두 가진 그런 어른은 세상에 존재하지 않았다. 아니, 존재할 수 없었다. 여러 요소가 합쳐져 내가 되는 것처럼, 모든 사람에게는 닮고 싶은 부분도 있고 닮고 싶지 않은 부분도 있었다. 이 사람에게는 이런 모습을, 저 사람에게는 저런 모습을 닮고 싶은 게 내 정확한 속마음이었다.

'내가 존경하는 어른들은 나보다 성숙한 모습을 몇 개 더 가진 사람이다. 물론 그분들에게는 내가 닮고 싶지 않은 부분도 존재한다. 이것이 사람이고 인생이다.'

미국의 소설가 너새니얼 호손이 쓴 『큰바위얼굴』에는 큰바위얼굴을 닮은 인자한 사람이 나타나길 평생 기다리는 주인공 어니스트가 등장한다. 하지만 그는 끝내 큰바위얼굴을 닮은 사람을 만나지 못한다. 큰바위얼굴을 닮은 사람은 사실 매일 큰바위얼굴을 바라보며 명상에 매진했던 자신이었기 때문이다.

이 소설이 우리에게 전하는 바는 명징하다. 누군가를 맹목적으로 닮으려 하기보단 곁에 있는 사람들의 좋은 점을 발견하고 그 미덕을 내 것으로 내면화해야 한다는 것이다. 그렇게 스스로 어른이 되려고 노력하는 게 삶의 목적이 되어야 한다는 것이다. 어쩌면 우리는 이미 다른 누군가가 닮고 싶어 하는 부분을 가진 큰바위얼굴을 가진 어른일지도 모른다.

세상에 완벽한 사람은 없다는 사실을 인정했을 때 가장 좋은 점은 다른 사람에게 실망할 일이 없다는 것이다. 모든 실망은 기대로부터 나온다. 완벽에 대한 기대를 버리면 실망에 빠질 일이 없고, 오히려 희망을 품을 수 있다. 아무리 부족한 사람이라도 유심히 살펴보면 배울 점 하나씩은 꼭 있게 마련이기 때문이다.

고대 로마의 황제 마르쿠스 아우렐리우스는 전쟁터에서 10년간 쓴 일기 『명상록』의 첫머리를 '나는 배웠다 I learned from'로 시작했다. 예를 들면 이런 식이다.

> 나는 아버지에게 배웠다. 검소함과 의무에 충실함, 그리고 고결한 인품을. 나는 할아버지에게 배웠다. 성품의 온화함과 인내심을. 나는 어머니에게 배웠다. 경건함, 자선심, 사치에 대한 경멸 그리고 단순한 삶의 중요성을.

아우렐리우스는 부러울 게 없는 황제였지만, 성장하기 위해 끊임없이 주변 사람들을 관찰했다. 히라노 게이치로가 말한 것처럼 인간은 복합적인 존재라는 사실을 인지하고 단점보다는 장점을 보려고 노력했다. 그 결과 역대 로마 황제 중 최고의 지도자로 추앙받을 수 있었다.

『나란 무엇인가』를 읽은 뒤 나는 대인관계에서 느끼는 스트레스를 많이 줄일 수 있었다. 사람을 만났을 때 느끼던 문제와 단점들이 더 이상 크게 다가오지 않았다. 대신 "이 사람에게는 무엇을 배울 수 있을까?"하는 말을 혼잣말처럼 중얼거리게 되었다. 그러다 보니 평소엔 별로라 생각했던 사람도 어느 순간에는 배울 점이 있는 멋진 사람으로 느껴지기 시작했다. 아내와 아들에게도 배울 점이 많았고, 부모 형제도 마찬가지였다. 멀고 가까운 지인들에게도 배울 수 있는 걸 하나씩 발견했다. 꼭 아는 사람이 아니어도 상관없었다. 해외여행을 하며 만난 미국 사람들로부터는 일상을 놀이처럼 즐기는 유쾌함을 배울 수 있었고, 일본 사람들로부터는 질서 정연함과 예의를 배울 수 있었다.

완벽하게 성숙한 어른은 세상에 존재하지 않는다. 다만 꾸준히 배우고 익히며 내면화하는, 성숙한 어른이 되어가는 사람만 존재할 뿐이다. 그리고 이 사실을 아는 사람은 사람으로부터 스트레스 받지 않는 행복한 일상을 즐길 수 있다.

나이가 들면
시시해진다는
거짓말

○ 동심

"저흰 안 가려고요. 가도 별거 없대요."

같은 대학교에 진학하는 아이들의 부모 단톡방에 이런 글이 올라왔다. 다른 부모들의 댓글이 이어졌다.

"저도 그런 얘기 들었어요. 입학식은 그냥 아이 혼자 보낼까 봐요."

"졸업식도 아니고 입학식인데 굳이 엄마 아빠가 갈 필요는 없는 것 같아요."

하지만 우리 부부의 생각은 달랐다. 별거 없더라도 가보자는 마음으로 입학식에 참석했다.

그런데 내 눈에는 입학식 내내 특별한 게 가득했다. 사회자의 재치 있는 입담도, 근심과 기대가 반반인 부모들의 표정도, 자기 분야에 자부심을 가진 교수들의 얘기도, 자원봉사 하는 학생들의 기쁨 어린 눈빛도 모두 특별하고 별났다. 그러다 문득 의문이 들었다. 입학식에 별거 있으려면 도대체 무엇이 필요한 걸까. 인기 가수가 와서 공연이라도 해야 하나? 아니면 불꽃놀이라도 해야 하나? 이렇게 볼 게 많은데 대체 왜 사람들은 별거 없다고 얘기한 걸까.

'별거 없다'고 말하는 사람들을 가만히 들여다보면 공통점을 발견할 수 있다. 만성적인 스트레스에 시달리며, 일상에 피로가 누적되어 있다는 것이다. 이렇게 피곤한 사람들은 반짝이는 자극이 없으면 도통 감정을 느끼지 못한다. 마치 잠이 부족한 수험생이 더 자극적인 카페인 음료를 찾는 것처럼 말이다. 반대로 스트레스가 없고 일상이 편안한 사람들은 작은 자극에도 감정을 느끼고, 사소한 일에 호기심을 느낀다.

고백하자면, 나 역시 오랫동안 별거 없는 세상에서 별 볼 일 없이 살아왔다. 사는 게 시시하고 미래에 대해서도 기대하는 바가 크지 않았다. 변화는 10년 전 어느 날 갑자기 찾아왔다. 나는 스스로 이런 질문을 던졌다.

"1년 가운데 특별한 날이 며칠이나 될까?"

또 다른 내가 심드렁하게 대답했다.

"특별한 날? 그런 게 있기나 할까? 있어봤자 며칠이나 되겠어."

내 말에 내가 힘이 빠졌다.

"서원아, 이렇게 살면 평생 살아도 특별한 날이 하루도 없겠다."

순간, 이건 아닌데 싶었다. 이렇게 시시하게 살다가 떠나려고 이 세상에 온 건 아닐 텐데……. 무슨 수가 없을까? 고민 끝에 발견한 방법이 아주 작은 일을 기념하는 노트를 만드는 것이었다. 정말 사소한 일이라도 기분 좋은 일이 생기면 기록하려고 애를 썼다. 예를 들면 이런 식이었다. 시원한 바람이 뺨을 스치면 '시원한 바람 기념일'이라고 이름 짓고 느낌을 짧게 적었다. 누군가 칭찬을 해주면 '누구로부터 칭찬받은 기념일'이라고 해서 고마운 마음을 기록했다.

효과는 놀라웠다. 지루했던 삶에 활기가 생기고 하루하루가 기적처럼 느껴지기 시작했다. 많을 때는 열 개도 넘게 별난 기쁨을 발견했다. 그렇게 10년 이상 기념일 노트를 쓰고 난 뒤 나는 깨달았다. 세상에는 별난 일이 가득하고, 그것을 발견하느냐 못 하느냐는 오직 사람의 마음에 달려 있다는 걸. 마음먹기에 따라 작은 일도 충분히 큰일이 될 수 있고, 고난이나 시련도 시선을 달리하면 기회와 선물이 될 수 있다는 것을. 세상은 결코 시시한 게 아니었다. 피곤함을 핑계로 세상을 제대로 보지 않으려는 내 시선이 문제였고, 크고 대단한 것만 별거라고 생각하는 비관적인 마음이 문제였다.

별거 없다고 말하는 사람들의 또 다른 속성은 내게 도움이 되느냐 되지 않느냐, 즉 이득이냐 손해냐의 이분법적 시선으로 세상을 바라본다는 것이다. 이들은 내게 남는 게 있어야만 상대하고 움직인다. 그리고 이들이 말하는 별거는 대부분 돈이나 물건 같은 물질적인 것이다. 한마디로 돈이 안 되면 가치를 못 느낀다는 얘기다. 오랜 세월 가난과 싸워왔던 우리 민족의 역사가 '별거 없다'는 말로 대변되는 것 같아 조금 서글프기도 하다.

별거 없다는 말을 하는 사람의 또 다른 속성은 사물과 사건을 깊이 들여다보지 않는다는 것이다. 세계적으로 유명한 프랑스의 곤충학자 파브르Fabre는 어려서부터 곤충들의 작은 움직임을 자세히 들여다보곤 했다. 그에게는 곤충이 전부였으니까. 그리고 마침내 곤충들을 통해 온 세상이 움직이는 원리를 깨달았다. 그러나 곤충에 관심이 없는 사람의 눈에는 그저 하찮은 꿈틀거림에 불과했을 것이다.

책 한 권 읽고 100개 나라를 여행한 사람과 책 100권 읽고 한 나라를 여행한 사람 가운데 더 많은 것을 보는 사람은 누구일까. 아마 책을 더 많이 읽은 사람일 것이다. 아는 만큼 보이고, 보이는 만큼 감탄하게 되는 법이니까. 모르고 대충 보는 사람은 아무리 많은 나라를 여행해도 단편적인 정보만 알게 될 뿐이다.

나는 일상이 힘들고 팍팍한가?
나는 손해와 이득에 유난히 민감한가?
나는 세상일을 깊이 들여다보고 싶은 마음이 없는가?
세 가지 질문 가운데 두 가지 이상에 해당한다면 당신은 '별거 없어' 중독자일 가능성이 크다. 어떤 자극도 당신의 인생을 다채롭고 풍요롭게 만들어 줄 수 없을 것이다.

지금까지 만난 사람 가운데 가장 별난 사람은 예술치료를 공부하던 대학원생이었다. 그녀는 어느 날 산을 보다가 감탄하며 말했다.

"선생님, 저는 산이 세상에서 제일 좋아요."
"왜?"
"한순간도 변하지 않는 순간이 없어서요."

"늘 같은 게 산 아니야?"

"무슨 말씀이세요. 부는 바람에 잎들이 매 순간 다르게 팔랑이는 게 보이지 않으세요? 저는 그걸 늘 신기하게 바라봐요. 그러면 너무 행복해져요."

사람은 누구를 만나느냐에 따라 미래가 달라진다는 사실을 그녀를 통해 알게 되었다. 그 이야기를 들은 이후 나는 나무를 보거나 산을 볼 때마다 그녀의 말을 떠올렸다. 정말 그러네. 한순간도 같은 순간이 없어. 대단해. 제자리에 있는 산도 이처럼 변화무쌍한데 흐르는 물은 어떠하겠는가. 시시각각 다른 생각과 느낌을 쏟아내는 사람은 얼마나 경이로운 존재인가.

나이가 들면 다 시시해진다는 말은 거짓말이다. 도리어 나이가 들면 모든 게 다 신기하게 느껴진다. 일상의 스트레스를 조금만 내려놓아도 기쁜 일이 가득하고, 손해와 이득에 민감한 마음을 조금만 내려놓아도 작은 게 크게 보이며, 세상일에 관심을 가지고 지켜볼수록 깊은 의미를 발견할 수 있다. 아이들이 하루하루를 즐겁게 보낼 수 있는 건 이렇게 오히려 어른의 마음으로 세상을 바라보기 때문이다. 별거 없는 시시한 어른이 되고 싶지 않다면 지금부터라도 호기심 반짝이는 눈으로 세상을 돌아보자.

사람을
사람으로
대하면

○ 믿음

"자유를 잃는 것만으로도 충분한 처벌이다. 사람을 짐승으로 보면 짐승처럼 행동한다. 사람을 존중하면 존중하는 행동을 한다."

세계에서 가장 인간적인 교도소로 꼽히는 노르웨이의 바스토이 감옥 시스템을 제안한 교도소장 아르네 크베르비크 닐센Arne Kvernvik Nilsen이 한 말이다. 그의 생각은 간단하고 명확했다. 사람으로 대하면 사람으로 반응하고, 짐승으로 대하면 짐승으로 반응한다. 권력으로는 사람을 변화시킬 수 없다. 그의 철학대로 바스토이 감옥에 수용된 100여 명의 재소자는 장차 죄를 저지를 짐승이 아니라, 과거에 죄를 저질렀지만 새로운 사람으로 변화할 수 있는 사람으로 대접받는다.

사면이 바다로 둘러싸인 바스토이 감옥의 재소자는 대개 살인이나 강력 범죄를 저지른 중범죄자들이다. 하지만 이들이 받는 대접은 일반적인 수감자들과 매우 다르다. 이들은 재소자 옷을 입지 않고 일반인과 똑같은 옷을 입는다. 또 구금되지 않는다. 섬 안에서 자유롭게 오갈 수 있다. 거주지는 작은 오두막이며, 요리는 스스로 해서 먹는다. 일과 시간이 끝나면 스키, 승마 등 취미 활동을 즐길 수 있다. 심지어 일광욕을 즐기고 낮잠도 잘 수 있다.

처음엔 바스토이 감옥의 처우에 대한 노르웨이 국민의 반발이 컸다. 죄를 지은 사람에게 벌을 주긴커녕 일반인들보다 더 나은 대접을 해주니 화가 날 수밖에. 이에 교도소장은 이들이 언젠가는 당신들이 있는 그곳으로 다시 돌아갈 사람들이며, 당신도 이들을 다시 만날 수밖에 없다는 말로 사람들을 설득했다. 다시 만날 사람들이 사회에 대한 원한과 불신을 가지는 것보다는 신뢰와 안정감을 느끼는 게 더 낫지 않겠냐는 논리였다. 그 결과 노르웨이 국민은 바스토이 감옥의 담장과 철창을 없애는 것에 동의했다.

대신 바스토이 감옥 재소자들에게는 세 가지 의무가 있다. 이 의무를 지키지 않는 재소자는 즉시 일반 교도소로 추방된다.

첫 번째 의무는 유기농 채소를 가꾸는 것이다. 재소자는 직접 키운 채소로 직접 요리를 해야 한다. 농사를 지어본 사람들은 알겠지만, 농사는 그냥 땅에 작물을 심는다고 되는 게 아니다. 꾸준한 관심과 돌봄, 그리고 공부가 없으면 제대로 열매를 맺는 경우가 드물다.

태어나서 한 번도 제대로 사람대접을 받아보지 못한 재소자들에게 갑자기 타인을 사랑하는 마음을 가지게 하기란 쉬운 일이 아니다. 하지만 재소자들은 농사를 지으며 사랑이란 꾸준한 관심에서 시작되는 것이며, 대상이 원하는 것을 듬뿍 줄 때 피어나는 것임을 알게 된다. 그럼으로써 살아 있음이 얼마나 아름다운 일인지 느끼게 된다. 한마디로 농사는 재소자들의 마음에 씨앗을 뿌리는 일이다.

두 번째 의무는 반려동물을 돌보는 것이다. 식물이 움직이지 않는 비교적 단순한 사랑과 돌봄의 대상이라면, 반려동물은 움직이는 복잡한 사랑과 돌봄의 대상이다. 재소자들은 농사를 지을 때보다 반려동물을 돌볼 때 더 친밀한 유대 관계를 맺게 되는데, 그 과정에서 소중한 존재를 잃는다는 게 얼마나 큰 슬픔인지를 깨닫게 된다.

농사와 반려동물 돌보기의 공통점은 내가 준 만큼 사랑을 받는다는 것이다. 사람에게 받았던 상처를 식물과 동물을 통해 치유하면서 재소자들은 사랑의 참맛을 알게 된다. 사랑을 주고받는 것이 이렇게 행복하고 기쁜 일이라는 것을.

마지막 의무는 쓰레기 재활용이다. 폐비닐과 플라스틱, 종이 등을 재활용하면서 재소자들은 물건도 이렇게 재활용하면 멀쩡한 물건으로 거듭나는데, 사람인 나도 그렇지 않겠는가를 저절로 생각하게 된다. 바스토이 감옥 안에서 새롭게 재활용되는 자신의 모습을 상상하며 다시 사회로 나아갈 준비를 하는 것이다.

세 가지 의무를 잘 지키고 출소한 재소자들의 재범률은 유럽 평균 70퍼센트보다 현저히 낮은 15퍼센트에 불과하다. 그야말로 재범률의 새로운 역사를 쓰고 있는 중이다. 교도소장의 소신은 틀리지 않았다. 사람을 사람으로 존중해주었더니 정말 사람이 되어 세상에 융화되었다. 바스토이 감옥의 성공 이후 노르웨이 감옥은 거의 모든 징벌적 프로그램을 재범률을 낮추는 방향으로 전환하였다.

얼마 전 엄마가 세상을 떠나셨다. 세상을 떠나기 이틀 전 반짝 의식이 돌아온 때가 있었다. 이를 의학에서는 회광반조回光返照, Terminal lucidity라 부른다는 걸 나중에 알았다. '빛이 돌아와 다시 비춘다'는 뜻으로, 죽기 직전에 잠시 정신이 맑아지는 현상이다. 엄마는 그때 자식들에게 말했다.

"딸 최고! 아들 최고!"

자식인 우리는 그때 알았다. 엄마가 우리를 어떤 존재로 보며 키워왔는지를. 우리는 엄마에게 최고였다. 우리를 최고로 생각했기에 최고 대우를 해주었고, 우리는 최고가 되기 위해 애쓰며 살았고, 엄마에게 최고 대접을 하려고 노력했다. 엄마가 자식을 바라보는 시선은 저 멀리 산 넘고 물 건너 바스토이 감옥의 교도소장의 시선과 정확히 일치했다. 자식을 짐승으로 보면 짐승처럼 행동하고, 최고로 보면 최고답게 행동한다. 이것이 엄마의 시선이자 철학임을 회광반조 동안 우리는 깨달았다.

잘 먹이고 잘 입힌다고 멋진 자식이 되지 않는다. 자식을 멋지게 바라보는 부모의 시선이 있어야만 멋진 자식이 된다. 비단 자식에만 해당하는 얘기는 아니다. 세상 모든 것이 그렇다. 멋진 눈으로 바라보면 멋지게 변하고, 나쁘게 보면 나쁘게 변한다. 멋진 어른은 멋진 시선으로 세상을 바라보는 사람이다. 다른 사람이 멋지게 될 수 있도록 기회를 주고, 안아주는 사람이다.

노르웨이에 멋진 어른 닐센 교도소장이 있다면 나에게는 엄마가 있다. 사람은 사람을 만들고, 최고는 최고를 만든다. 멋진 어른 우리 엄마 최고!

삶의 가치관이
일치하는
진짜 친구

○ 우정

    영혼의 반쪽 진호를 만난 건 고등학교 1학년 때였다. 진호는 특이한 친구였다. 어떤 시험이든 영어는 백 점을 받았다. 전교 1등을 하는 아이는 아니었다. 학원에서 영어를 배운 아이도 아니었다. 순전히 자기 힘으로 공부해서 어떤 영어 시험이든 백 점을 받았으니 아이들에겐 의구심과 호기심의 대상이었다. 전교 1등을 하던 아이도 영어 시험이 끝나면 진호에게 달려와 헷갈렸던 문제의 답이 뭐냐고 물었다. 신기하게도 진호가 말한 답은 늘 정답이었다.

    진호와 친하게 지내야겠다고 마음먹은 건 순전히 영어 시험 백 점에 대한 비밀을 알아내고야 말겠다는 셜록 홈스

같은 강한 호기심과 의지 때문이었다. 그런데 막상 가까워지고 난 뒤 비밀을 알게 되자 나는 허탈했다. 도저히 내가 따라 할 수 없는 비밀이었기 때문이다.

진호는 영어가 재미있다고 했다. 그게 다였다. 초등학교 때부터 영어 간판을 읽어보고, 그 발음이 맞는가 싶어 우연히 미군 부대 앞에 나온 미군 아저씨에게 물어보고, 왜 그런 발음이 날까를 스스로 낑낑거리며 찾아냈다. 발음기호라는 게 있다는 사실을 발견하고는 뛸 듯 기뻐했다. 미군 아저씨와 말을 주고받는 게 재미있어 공부에 공부를 거듭하면서 영어 대화 실력도 늘렸다. 문법을 따로 공부한 적은 없었다. 친구들이 문법에 대한 질문을 던지면 진호는 늘 이렇게 대답했다.

"한 번 읽어봐. 말이 어딘가 좀 이상하지 않아?"

나를 비롯한 친구들은 그 말을 도저히 이해할 수 없었다. 그 말이 그 말인 것 같은데 뭐가 이상하다는 거지? 어쨌든 영어 도사 진호와의 만남은 그렇게 시작됐다.

진호가 나를 보며 호기심을 느낀 과목도 있었다. 국어였다. 나는 국어 시험을 보면 진호가 영어 시험을 보는 것처럼 거의 틀리지 않고 백 점을 받았다. 그 비결도 나중에 알고 보니 진호와 같았다. 나는 국어가 재미있었다. 형체도 없고 모양도 없는 말이 사람의 마음을 쥐었다 폈다. 인생을 잡았다 놓았다 하는 게 너무 신기했다. 한 마디로 '말'이 가진 신비함에 매료되었다. 그래서 늘 국어책을 달달 외울 정도로 읽고 말의 맛들을 음미했다. 그걸로 부족해 시중에 파는 모든 국어 참고서와 문제집을 사서 읽고 풀었다. 시험지를 받으면 '아, 선생님이 이 문제는 어떤 참고서 몇 페이지와 무슨 문제집 17번 문제를 섞어서 내신 거구나.' 하고 정확히 알 수 있었다. 문제를 틀릴 수가 없었다.

그렇게 진호와 나는 서로를 신기해했다. 그러나 누구에게 배우지 않고 스스로 그 과목이 너무 재미있어서 혼자만의 원리를 만들어 달인이 되는 과정은 똑같았다.

세월이 흘러 진호는 정형외과 의사가 되고, 나는 심리상담사가 되었다. 30대 중반의 나이였던 걸로 기억한다. 진호가 대뜸 나에게 물었다.

"서원아, 너 지금 죽어도 좋나?"

나는 뜬금없는 질문에 당황했다. 죽긴 왜 죽어. 살아야지. 그런데 영어 도사 진호가 던지는 질문에 속뜻이 없을 리 없었다. 아마 지금 죽어도 좋을 만큼 열심히 잘살고 있는가를 물어보나 싶었다. 그때 나는 상담을 하면서 내가 가진 모든 걸 쏟아붓고 있을 시기였다. 누구에게 따로 상담을 배운 적이 없어 오로지 독학으로, 고등학교 때 국어공부를 하듯 상담을 생각하며 잠을 자고 밥을 먹고 길을 걸었다. 오로지 상담만이 내 삶의 이유였다. 그러다 보니 갈수록 상담이 좋아지고 상담받는 사람들도 좋은 반응을 보였다. 나는 진호의 말에 고개를 끄덕이며 답했다.

"응, 진호야. 난 지금 죽어도 좋아! 너는?"

"이야, 나하고 똑같네. 역시 서원이다. 서원아. 나는 요즘 가끔 스스로 묻곤 해. 지금 죽어도 좋으냐고. 대답은? '좋아'야. 너도 알다시피 내 직업이 병 고치는 의사잖아. 그런데 병 공부하는 게 너무 재미있어. 사람을 살리는 공부거든. 그래서 매일 새벽 두 시까지 병에 대해 연구하고, 집에 가서도 환자 차트를 보고 그런단 말야. 꼭 있잖아. 내가 어릴 때 영어 공부하듯이 한다니까. 그러다 보니까 부끄럽지만 명의로 소문이 나서 나한테 진료받으러 지방에서도 환자들이 올라와. 그러니까 이 공부가 더 재미있고 좋은 거야. 집사람도 같은 의산데, 자기보다는 내가 의사라는 직업에 어울린대. 그러니까 나는 지금 죽어도 좋다는 생각이 들더라고."

온몸에 소름이 돋았다. 나의 상담도, 진호의 치료도 국어와 영어 공부처럼 판박이였다. 이건 우연의 일치가 아니라 영혼의 일치다. 나는 그날부터 진호를 나의 소울메이트라고 부르기 시작했다. 그 뒤로도 우리는 간혹 만날 때마다 어떤 삶을 살아가고 있는지 이야기 나누었고, 그때마다 좇고 있는 삶의 가치와 호흡이 귀신처럼 일치하는 모습에 서로 놀랐다. 그렇게 우리는 어렸을 때 친한 친구를 넘어 어른이 된 뒤에도 삶의 가치관이 일치하는 진짜 친구가 되었다.

'친구는 또 다른 나'라는 말을 진호가 없었다면 제대로 이해할 수 없었을 것이다. 권위 있는 사람들의 말과 가르침을 따라가는 삶이 아니라 스스로 재미와 의미에 빠져 자기 분야의 길을 개척해가는 사람. 그런 사람이 진호와 내가 쌍둥이처럼 추구하는 인간상이었다. 나와 진호는 지금도 서로의 모습을 통해 자신의 가치를 인정받는 그런 우정을 이어나가고 있다. 아마 우리는 세상을 떠날 때도 비슷한 눈동자로 대화를 나누지 않을까.

"진호야, 지금 세상을 떠난다고 생각하니까 어때?"
"응. 참 즐거운 한생 살았다 싶네. 너는?"
"말해 뭐해. 이하 동문이지. 최고의 삶이 아니라 최선의 삶. 그게 우리 둘의 삶이었던 것 같다."

"그치. 최고란 따로 있는 게 아니라 최선을 다하는 삶 속에 깃들어 있는 거지."

다른 장소에서 다른 사람들에게 둘러싸여 각자의 끝을 맺겠지만, 우리는 분명 같은 눈빛으로 웃으며 눈감을 거란 사실을 의심치 않는다.

때로 우리는 가까이에서 가장 많은 시간을 보낸 친구가 진짜 친구라고 착각하곤 한다. 하지만 어른의 진짜 친구는 서로 소중히 여기는 바가 같은 사람이다. 자주 보지 못하지만 언제 만나도 같은 인생 철학을 공유할 수 있는 게 진짜 친구다. 나이 먹을수록 친구의 범위가 좁혀지는 건 그런 까닭이다. 서로 다른 인생의 길을 걷다 보면 철학도 달라질 수밖에 없다.

지금 주변에 있는 친구들을 둘러보자. 같이 술 마시고 시끄럽게 떠들며 노는 그런 어린 시절 친구가 아닌 내 인생의 가치관을 허심탄회하게 공유하고 서로 고개 끄덕이며 응원해 줄 수 있는 그런 친구가 있다면, 이미 당신은 어른으로 성장한 사람이다. 오늘은 그 친구에게 전화를 걸어 서로 남은 인생을 응원해주어도 좋을 것 같다.

고맙다. 나의 소울메이트야. 남은 생도 우리답게 잘 살자. 웃차!

II

어른의 말

잘
들어주는
것만으로도

○ 경청

"귀가 나를 가르쳤다."

칭기즈 칸이 남긴 짧은 말이다. 하지만 그 안에 담긴 의미는 가늠할 수 없을 정도로 크다. 저 짧은 말 안에 몽골 제국이 세계를 정복할 수 있었던 비결이 담겨 있기 때문이다.

옛날 일본 어느 마을에 주민들의 존경을 받는 주지 스님이 있었다. 그런데 어느 날, 동네 처자가 임신을 해서 온 마을이 들썩거렸다. 사람들은 결혼도 하기 전에 임신을 시킨 남자가 누구냐고 다그쳐 물었다. 겁이 난 처자는 사실을 말하지 못하고 엉겁결에 주지 스님이라고 거짓말했다. 놀란 동네 사람들이 주지 스님에게 몰려가 항의했다.

"스님, 이게 말이 됩니까?"

"왜 그러십니까?"

"겉으로는 안 그런 척하더니 속으로 호박씨를 까요? 아가씨를 임신시킨 게 스님이라면서요?"

"아, 그렇습니까?"

"이제 곧 아이가 태어날 텐데 당신 아이니까 스님이 직접 키우세요."

스님이 답했다.

"아, 그렇습니까?"

시간이 흘러 아이가 태어나자 사람들이 아이를 스님에게 데려왔다.

"이제 아이를 키우세요."

스님이 또 답했다.

"아, 그렇습니까?"

그렇게 해서 아이를 스님이 키우기 시작했다. 몇 달 뒤 진짜 아버지가 사실을 고백했다. 놀란 동네 사람들은 스님에게 달려가 사죄했다.

"스님. 죄송합니다. 진짜 아버지가 나타났어요."

그러자 스님이 말했다.

"아, 그렇습니까?"

주지 스님은 큰 귀를 가진 사람이었다. 그는 동네 사람들 이야기에 반박하지 않았다. 끝까지 동네 사람들의 이야기를 주의 깊게 들으며 호응했을 뿐이다. 그리고 마침내 사필귀정事必歸正. 모든 일은 반드시 바른길로 돌아간다고 진짜 아버지가 자수를 하고, 스님은 누명을 벗었다. 그 시간을 스님은 오직 귀로 듣기만 했을 뿐 사람들을 원망하지도, 싸우려고도 하지 않았다. 그렇게 스님은 큰어른으로 마을 사람들에게 오랫동안 존경받을 수 있었다.

주지 스님 이야기는 내 결혼 생활에 큰 도움을 주었다. 아내와 대화할 때 내가 가장 많이 하는 말은 "아, 그래요?"이다. 이렇게 내가 가만히 들어주고 있으면 아내는 신이 나서 하고 싶은 이야기를 보따리 펼치듯 다 풀어놓는다. 아들한테도 가장 많이 하는 말이 "아, 그래?"이다. 그럼 아들도 아내처럼 신이 나서 자기 이야기를 들려주곤 한다. 이렇게 주지 스님의 가르침 덕분에 나는 별다른 힘을 들이지 않고도 평화로운 가족 관계를 이어갈 수 있었다.

'아, 그래?' 이 한마디가 뭐라고 이렇게 기적 같은 일을 가능하게 하는가. 가만 생각해보면 '아, 그래?'는 튕겨내는 말이 아니라 받아들이는 말이다. 상대방의 말에 호응하는 말이고, 말하는 이로 하여금 보람을 느끼게 하는 말이다. 대화를 끊지 않고 더 이어가고 싶다는 바람이 투영된 말이다. 반대되는 말로는 '뭐, 그래서?'가 있다. 비슷한 듯하지만 이 말은 상대방을 튕겨내고 관계를 차단한다.

처음엔 어렵지만, 막상 적응되면 더없이 편한 일이 바로 '듣기'다. 처음이 어려운 건 상대방이 말하는 도중에 자꾸 내 생각을 끼워 넣으려 하기 때문이다. 사람은 태어나는 순간부터 자기 말만 하도록 설계되어 있다. 대화할 때 남의 말에 귀 기울이지 않고 내 할 말만 하는 건 자연스러운 인간의 본성이다. 고생스러운 일은 기피하고 편한 일만 찾는 것도 역시 본성이다. 듣는 건 고생스럽고, 말하기는 편하기에 듣는 사람보다 말하는 사람이 많아지는 건 어쩔 수 없다. 그런 와중에 듣는 사람이 된다는 건 대단한 노력이 필요한 일이다.

'듣기'를 잘하려면 배영하는 법을 떠올리면 된다. 수영 수업에서 배영을 배울 때 강사는 거듭 강조했다.

"가라앉지 않으려고 몸에 힘을 주면 줄수록 물속으로 가라앉게 됩니다. 힘이란 힘은 모두 빼세요. 그냥 물에 몸을 맡긴다고 생각하세요. 그렇게 가만히 있으면 자연스레 몸이 둥실 뜹니다. 자, 어떻게 하라고요? 네, 맞습니다. 힘을 모두 빼세요."

생각이 많을수록 듣기는 어려워진다. 내 생각(힘)은 잠시 내려놓고 상대방의 이야기(물)에 나를 맡기면 자연스레 듣기(배영)에 성공할 수 있다. 상대방의 의도와 감정이 내 속으로 흘러들어오는 걸 느낄 수 있다. 내 생각은 물의 흐름이 멈춘 뒤에 말해도 충분하다. 아니, 어쩌면 말할 필요가 없을지도 모른다. 대개는 말을 하면서 스스로 답을 찾기 때문이다. 그러니까 우리는 잘 들어주는 것만으로도 상대방에게 답을 주는 사람이 될 수 있는 것이다.

옛날 어느 시골에 조그마한 구멍가게가 있었다. 초행길을 걷던 나그네가 가게 앞 의자에 앉아 꾸벅꾸벅 졸고 있던 노인에게 물었다.

"어르신, 산 너머 마을까지 가려면 얼마나 더 가면 되나요?"

노인이 나그네를 힐끗 쳐다보더니 말했다.

"가봐."

나그네는 속이 상했다. 차라리 대꾸를 하지 말든가. 그냥 가라니 시골 인심이 참 고약하다 싶었다. 나그네는 말을 더 섞고 싶지 않아 인사도 하지 않고 발걸음을 뗐다. 잠시 뒤 나그네 뒤에서 노인이 외치는 소리가 들렸다.

"그렇게 가면 세 시간!"

노인은 보고 있었던 거다. 금방이라고 말하는 대신, 네다섯 시간은 걸린다고 말하는 대신 나그네의 발걸음 속도와 보폭을 헤아리고 있었던 거다. 그리고 당신의 걸음걸이라면 세 시간쯤 걸린다고 정확히 일러준 것이다. 이것이 듣기의 힘이다. 내 기준과 생각은 잠시 내려놓고, 상대방의 기준과 생각에 맞춰 이야기하는 것. 큰 귀를 가진 듣기의 고수는 모두 이렇게 말한다.

세상에 말하는 사람은 많지만, 듣는 사람은 적다. 그 와중에 말 잘하는 사람은 드물지만, 잘 듣는 사람은 희귀하다. 태어나면서 우리는 열린 입과 닫힌 귀를 가지고 왔다. 닫힌 귀를 열려면 우선 열린 입부터 닫아야 한다. 입이 닫혀야 비로소 귀가 열린다. 우리 입은 내 생각을 상징하는 감각기관이다. 이에 비해 귀는 상대방의 생각을 상징하는 감각기관이다. 진정한 소통은 귀를 통해 상대방의 생각을 읽을 때 비로소 시작된다.

아이는 말하는 사람이고, 어른은 듣는 사람이다. 내 말만 하던 아이가 다른 사람의 말을 듣는 사람이 되는 과정이 바로 '성장'이다. 제대로 성장하는 아이는 어느 순간 입이 작아지고 귀가 커진다. 요즘 유행하는 줄임말로 '점입소 점귀대'다. 내 귀는 지금 어떤지 거울을 들고 살펴보자. 다른 사람의 이야기를 듣고 품어줄 만큼 충분히 큰 귀를 가지고 있다면 스스로 어른이 되었다 자부해도 좋다.

제일
속상한 건
너지

○ 솔직함

끓는 물에 데어 죽은 사람보다 아픈 말에 데어 죽은 사람이 더 많고, 칼에 찔려 죽은 사람보다 날카로운 말에 찔려 죽은 사람이 더 많다. 아프고 날카로운 말은 대개 솔직함이란 얼굴을 하고 나온다. '솔직히 말해서'로 시작하는 말치고 아프지 않은 말이 별로 없다. 언중유골言中有骨이란 사자성어가 있다. 말 속에 뼈가 있다는 뜻이다. 그런데 솔직함이란 얼굴을 하고 오는 아픈 말 속에는, 많은 경우 날카로운 뼈가 들어있다.

기형도 시인의 「소리의 뼈」라는 시는 "김교수님이 새로운 학설을 발표했다 / 소리에도 뼈가 있다는 것이다"로 시작한다. 시 속 김 교수의 학설은 참으로 예리하고 정확하다. 소리의 뼈로 사정없이 내려치는 소리, 그 소리는 솔직함으로 무장한 아픈 소리다. 솔직한 말은 '정신 똑바로 차리라고 하는 소리'다. 그런데 이 말을 듣는 사람은 말하는 사람의 희망과 다르게 정신을 차리는 게 아니라 있던 정신마저 나간다.

입시를 앞둔 아들의 성적이 생각처럼 나오지 않자 엄마가 조바심이 났다. 아들 생일날 모처럼 식사하러 나간 자리에서 숟가락을 드는 순간, 엄마 입에서 솔직한 말이 나오기 시작했다.

"지금쯤 어느 정도 성적이 나와야 하는 거 아니야?"

"나도 노는 게 아니에요. 하는데도 안 나오는데 어떻게 해요?"

"다른 거 좀 줄이고 더 열심히 해야지."

"아, 하고 있다니까요."

일촉즉발의 순간이었다. 두 사람 모두 표정이 굳었다. 서로를 외면하고 다른 곳을 보고 있었다. 대화가 더 진행되었다간 저녁 식사도 제대로 못 할 판이었다. 팽팽한 긴장감이 감돌고 어색한 침묵이 흘렀다. 두 사람 눈치를 보던 내가 조심스럽게 말을 꺼냈다.

"아빠 생각을 좀 얘기해도 될까?"

"네."

"음, 아빠 생각엔 두 사람 목표가 똑같은 거 같아. 대학을 무사히 잘 가는 거. 한데 지금 생각처럼 성적이 안 나오니까 서로 속상한 것 같아."

이 말에 두 사람 표정에서 긴장이 조금 풀어지는 게 느껴졌다. 이어서 말했다.

"그런데 지금 제일 힘든 게 누굴까?"

그 말에 아들의 눈가가 촉촉해졌다. 엄마도 그런 아들을 보며 슬며시 고개를 돌렸다.

"제일 힘든 건 성적이 오르지 않는 당사자, 본인이 아닐까?"

엄마가 휴우 긴 숨을 내쉬며 조용히 고개를 끄덕였다.

"또 그걸 곁에서 지켜보는 엄마가 아닐까?"

이번엔 아들이 고개를 끄덕였다.

"우리 오늘은 좋은 날이니까 목표만 생각하자. 오늘 목표는 우리 아들 생일날 맛있게 먹는 거니까 그것만 생각하고 먹으면 어떨까?"

두 사람은 가만 고개를 끄덕이곤 다시 천천히 밥을 먹기 시작했다. 저녁을 먹고 집으로 돌아오며 생각했다. 솔직하게 말하는 사람은 실은 자신의 속이 뒤집힌 거구나. 그래서 남의 속을 뒤집는 소리를 하는 거구나. 그래, 내 속이 아프니 어쩔 수 없이 아픈 말이 나오는 거야. 그리고 깨달았다. 솔직한 사람도 따뜻하게 말하고 싶지만 어떻게 말을 해야 할지 방법을 모르는 거구나.

'솔직하게 말하기'에서 '따뜻하게 말하기'로 넘어오려면 '진실하게 말하기'라는 다리를 건너야 한다. 솔직한 말이 상대의 잘못된 행동에 초점을 두는 말이라면, 진실한 말은 상대의 선한 의도에 초점을 두는 말이다. 성적이 생각처럼 나오지 않는다는 사실에 초점을 맞추면 자신도 모르게 '솔직하게 말하는 아픈 말'이 되지만, 성적을 잘 내고 싶어 하는 속마음에 초점을 맞추면 자연스럽게 '진실하게 말하는 따뜻한 말'이 된다. 내 기준에서 상대가 잘못되었다고 말하면 '솔직하게 말하는 아픈 말'이 되지만, 상대의 기준을 헤아리고 안타깝다고 말하면 '진실하게 말하는 따뜻한 말'이 된다.

예를 들면 이렇다.

"그 나이에 내 집도 없으면 어쩌려고 그래요. 정신 차려요."

정신 차리라고 하는 이 말이 고맙지 않고 아픈 까닭은 솔직한 얼굴을 들이밀며 말하는 날카로운 지적이기 때문이다.

"저도 이 나이 되도록 내 집 마련하는 게 쉽지 않습니다. 우리 선생님도 걱정이 크시겠어요."

똑같은 내용의 말이지만, 이렇게 얘기하는 사람에게는 따뜻함이 느껴지고 고마운 마음도 든다. 내 마음을 헤아려주는 진실한 말이기 때문이다.

어른이 되는 것을 자기 경험을 근거로 솔직하게 말해도 된다는 허가증을 받는 것이라고 오해하는 사람이 많다. 사실은 반대다. 어른이 된다는 것은 솔직하게 말하고 싶을 때도 입을 닫는 사람이 되는 것이다. '말은 침묵보다 낫다는 판단이 설 때 해야 한다'는 격언이 있다. 이 말을 했을 때 상대가 기분이 어떨까를 생각해보고 기분이 나쁠 것 같다는 생각이 들면, 어떻게 말해야 할지 고민해야 할 시점이다.

"네가 그러고 싶어서 그런 거겠냐? 제일 속상한 건 너지."

이런 말을 부모나 어른에게 들으면 한겨울 같던 마음도 봄날처럼 변한다. 나아가 이렇게 말하는 사람을 좋아하고 존경하게 된다. 나도 나중에 이렇게 말해주는 사람이 되어야겠다는 마음도 든다.

솔직함은 자칫 사람을 베는 칼이 될 수도 있다. 반면 진실함은 언제나 사람을 감싸는 보자기가 된다. 솔직하게 말하려는 사람에게 필요한 것은 말을 아끼는 자제와 절제의 미덕이다. 솔직한 말투를 진실한 말투로 바꾸는 과정이 성숙한 말로 가는 과정이다. 진리가 우리를 자유롭게 하고, 진실한 말이 우리를 행복하게 한다. 나와 남을 행복하게 하는 말을 하는 사람, 진실한 말을 따뜻하게 하는 사람, 그런 사람이 진짜 어른이다.

진짜
대화에 필요한
세 가지

○ 소통

　　습관성 외도 때문에 아내 손에 이끌려 상담실에 들어온 남자가 있었다. 남자는 에너지가 넘치는 사람이었다. 학창 시절부터 춤꾼이었던 남편은 첫 번째 취미가 나이트클럽에 가서 모두의 주목을 받으며 춤을 추는 것이었다. 술 마시는 일은 두 번째 취미였다. 이렇게 음주가무에 능한 남편은 술을 마신 후 마지막 코스로 현란한 조명과 귀가 찢어질 듯한 나이트에서 무아지경으로 춤을 추면서 청춘을 보냈다. 물론 나이트의 끝은 여자와 잠자리를 하는 것이었다.

　　그는 결혼 후에도 이 습관을 버릴 수 없었다. 여러 번

아내에게 외도 사실을 들켰고 다시는 그러지 않겠다고 싹싹 빌었지만, 얼마 지나지 않아 술, 나이트, 여자의 고리는 다시 이어졌다. 아내는 이번이 벌써 다섯 번째라며 씩씩댔다. 그러나 남편은 이런 일에 익숙해졌는지 반성하는 기색도 보이지 않았다.

남편에게 바라는 것이 무엇이냐고 묻자, 아내는 생각하지도 못한 답을 꺼냈다.

"마음이 오가는 대화를 하고 싶어요."

남편은 눈이 휘둥그레졌다. 상담하던 나도 깜짝 놀랐다. 당연히 남편이 술 마시지 않고, 바람피우지 않길 바란다고 대답할 줄 알았던 것이다. 남편과 나는 의외의 답에 서로를 번갈아 쳐다보았다. 아내의 이야기가 이어졌다.

"남편이 술에 취해 새벽에 들어오고 바람피우는 게 좋았던 건 아니죠. 그걸 좋아할 여자가 누가 있겠어요. 그런데 정말 괴로운 건, 그래서 괴로운 제 마음을 이야기할 사람이 없다는 거였어요. 남편한테 이야기하면 앵무새처럼 딱 세 마디만 해요. 잘못했어. 다시 안 그럴게. 나 피곤해. 이게 다예요. 20년 동안 그 말만 해요. 마음이 하나도 담겨 있지 않은 그 소리가 세상에서 제일 듣기 싫어요."

아내 이야기에 휘둥그레졌던 남편의 눈이 왕방울만 하

게 더 커졌다. 그리고 물었다.

"아니, 잘못했으니까 잘못했다고 하고, 앞으로 안 그러겠다고 하고, 이미 한 소리를 또 하고 또 하니까 피곤해서 피곤하다고 한 건데. 무슨 이야기를 더 해?"

"선생님, 이거 보세요. 이렇게 제 말귀를 못 알아듣는다니까요, 글쎄."

아, 이렇게 대화하면서 20년을 살아온 거구나. 보지 않아도 비디오였다. 이번엔 남편이 물었다.

"선생님 마음이 오가는 대화가 도대체 뭐죠? 저는 집이랑 가게랑 일이랑 20년 맨날 똑같은 하루하루예요. 그런데 무슨 이야기를 해요. 매일 밥 먹고, 일하고, 자고, 술도 마시고. 전부 다 아는 일밖에 없는데 무슨 마음이 오가는 대화를 하죠? 그게 뭐예요?"

답답한 표정으로 아내가 소리쳤다.

"마음이 오가는 대화가 뭐긴 뭐야? 속이야기 하는 거지!"

"아, 그러니까 속이야기 하는 게 뭐냐고? 알아야 할 거 아냐."

큰소리가 오가는 부부를 보며, 나는 남편이 다섯 살짜리 꼬마 눈을 가지고 있다는 생각이 들었다. 그는 다섯 살에서 마음 성장을 멈춘 것 같았다. 몸 나이는 오십을 바라보지만, 정신 나이는 다섯 살이었다. 다섯 살 아이는 속이야기가 뭔지 모른다. 그래서 속이야기를 나눌 수 없다. 다섯 살 난 아이는 자기 노는 데에만 관심이 있고, 먹는 것에만 관심이 있다. 옆에서 누가 울든 상관하지 않는다. 다섯 살 아이와 남편의 차이가 있다면 남편은 과자 대신 술을, 놀이터 대신 나이트클럽을 좋아할 뿐이었다. 그는 아이와 똑같이 자기의 욕구 충족과 감각적인 재미 이외에는 아무 관심이 없는 '어른이'였다.

눈앞에 있는 남편을 어른으로 생각하다 어른이, 즉 다섯 살짜리 아이라 생각하자 어떻게 말해야 할지 쉬워졌다. 아이에게는 복잡하고 어렵게 설명해봤자 아무 소용이 없다. 나는 몸은 오십, 정신은 다섯 살짜리 남자아이에게 속이야기가 무엇인지 설명해주었다.

"속이야기는 세 가지만 하면 돼요. 왜, 생각, 기분."

"세 가지요?"

"네. 세 가지요. 첫 번째 방법은 '왜'예요. 가게에서 손님이 술값을 안 냈다고 해봐요. 겉이야기는 술값을 안 냈다, 그렇게 말하면 돼요. 끝. 대화 끝이에요. 그런데 속이야기는 '왜 술값을 안 냈어?'라고 묻는 거예요. 돈이 없었나 보지. 기분이 나빴나 보지. 이런 이유가 나올 거 아니에요. '왜'라고 묻고 이유를 말하는 게 속이야기예요. 쉽죠?

우리 아들이 골이 나 있다고 해봐요. 겉이야기는 '화났냐?' 하면 돼요. 끝. 대화 끝이에요. 그런데 속이야기는 '왜 화가 났어?'라고 묻는 거예요. 그러면 화난 이유를 말할 거 아니에요. '아, 그래서 화가 난 거구나.' 이럴 거 아니에요. 이게 속이야기예요.

아내가 소파에서 눈을 감고 있다고 해봐요. '자?' 이렇게 물어보는 건 겉이야기예요. 끝. 대화 끝이에요. 그런데 속이야기는 '여보, 어디가 안 좋아? 왜 힘들어? 왜 눈을 감고 있어?'라고 묻는 거예요. 그러면 아내가 눈을 살며시 뜨며 말할 거예요. '배가 너무 아파.', '아니, 배가 어떻게 아파?' 이렇게 이어지겠죠. 이게 속이야기예요. '왜'라는 말이 속이야기 할 때 제일 중요해요."

"아, 그런 생각은 한 번도 해본 적 없네요. 그럼 '생각'은 뭐죠?"

"'생각'은 속이야기 두 번째 방법이에요. 무슨 일이 있을 때 '지금 무슨 생각이 들어?' 하고 물어보고, 다른 사람이 그렇게 물어도 대답하는 거예요. 이것도 쉬워요.

예를 들어 아들이 놀이터에서 친구들이 안 놀아줘서 골이 났다고 말했을 때 '그래?' 하면 겉이야기예요. 끝. 대화 끝이에요. 그런데 '아, 그래서 무슨 생각이 들었어?' 하고 물어보면 아들이 그때 든 생각을 이렇게 저렇게 이야기할 거 아니에요. 그게 속이야기예요.

소파에 눈 감고 앉던 아내가 배가 아프다고 했잖아요. 그럴 때 '아, 그래?' 하면 겉이야기예요. 끝. 대화 끝이에요. 그런데 '언제부터? 지금은 무슨 생각이 들어?' 하고 물어보면 속이야기예요.

이 일로 무슨 생각이 드는가를 묻는 게 속이야기의 두 번째 방법이죠. 이것도 생각해본 적 없으시죠?"

"아, 네……."

"세 번째 방법은 기분을 물어보는 거예요. 골이 난 아들에게, 눈 감고 소파에 앉아 있는 아내에게 '그래서 기분이 어때?'라고 물어보는 게 속이야기예요."

"듣고 보니 선생님은 제가 한 번도 안 한 거만 골라서 이야기하시네요. 안 해봤어요. 생각도 못 했어요. 저는 맨날 간단하게 일 이야기만 했어요. 속이야기는 해본 적이 없네요."

아내를 바라보니 눈물을 줄줄 흘리며 울고 있었다. 아

내는 목이 메어 말을 잇지 못하다가 겨우 입을 뗐다.

"선생님, 그거예요. 제가 20년 동안 외로웠던 이유가 그 세 가지를 못 들어봐서였어요. 정확해요."

남편은 아내 얼굴 한 번 쳐다보고, 내 얼굴을 한 번 쳐다보고 하는 영락없는 유치원생 다섯 살 꼬마였다. 갑자기 남편 얼굴이 오십 살이 되었다. 그리고 말했다.

"한번 해보겠습니다. 몰랐습니다."

그다음 상담 시간에 다섯 살짜리 아이는 온데간데없고 서른 살 남자가 와 있었다. 어색하지만 세 가지를 하니까 아내가 참 좋아한다며 뒷머리를 긁적였다. 아내는 이제야 숨을 쉴 것 같다고 했다. 남편 얼굴이 해바라기처럼 환해졌다.

어린아이에서 어른이 되는 것은 어렵지 않다. 일 얘기만 하지 않고, 그 일에 왜, 생각, 기분을 넣어서 말하면 된다. 또 반대로 물어봐 주면 된다. 몰라서 못 하는 '어른이'가 참 많다. 이제부터라도 진짜 몸도 어른, 정신도 어른이 되면 좋겠다.

살리는 말,
죽이는 말

○ 말투

 절에 머무를 때의 일이다. 절 아래 세컨드하우스를 짓고 가끔 절에 올라와 밥도 먹고 차도 마시는 처사님과 스님이 이야기를 나누고 있었다.
 "오늘 뭐 하셨어, 처사님?"
 "네, 스님. 요 밑에 두릅을 한 오십 그루 심었어요."
 "에잇, 거기 심으면 다 죽는데……."
 "아. 그래요? 그런데 스님 제가 한 말씀 올려도 될까요?"
 "예, 해보세요."
 "예, 고맙습니다. 제가 지금 스님만 아니었으면 이렇게 말했을 거예요. '이 자식이 나이도 어린놈이 어디다 대고 막 나무 심고 온 형뻘 어른한테 나무 다 죽는다는 재수 없는 소리나 하고 있어. 확 씨이, 이걸.' 그런데 스님이라서 이렇게는 말씀을 못 드리네요. 헤헤."

그 말을 들은 스님의 얼굴이 벌게졌다. 그러고는 나에게 처사님 차 한 잔 대접해 드리라 당부한 뒤 얼른 법당으로 올라갔다. 허둥대는 스님의 뒷모습을 보며 처사님은 웃음을 지었다.

스님은 말을 가려서 할 줄 몰랐다. 어린 시절 출가를 해서 그렇다고 하는데 가끔 아슬아슬할 때가 있었다. 한 번은 읍내 중식당에 가서 짜장면을 두 그릇 시켰다. 주방장이 스님께 양을 곱빼기로 담았다며 짜장면 그릇을 내려놓았다. 그러자 스님이 대뜸 물었다.

"사장님, 여기 짬뽕도 하지요?"

"예, 스님. 왜요?"

"진짜 맛없던데."

주방장의 얼굴이 순식간에 벌겋게 달아올랐다. 스님 한 번 보고, 짜장면 한 번 보고, 곱빼기로 준 짜장면을 다시 들고 갈까 말까 고민하는 주방장의 모습에 나는 심장이 콩닥거렸다. 다행히 주방장은 아무 말 없이 돌아섰다. 나는 중

식당을 나서며 스님에게 물었다.

"스님, 아까 주방장님께 왜 그렇게 말씀하셨어요?"

그러자 스님이 눈을 동그랗게 뜨고 되물었다.

"왜요? 사실대로 말한 건데. 그러면 안 되나요?"

나는 어이가 없었다. 스님이 순수한 건지, 무례한 건지 도저히 알 수 없었다. 대신 한 가지는 확실하게 알 수 있었다. 말을 '잘' 하는 건 타고나는 게 아니라는 것을. 아무리 기도를 열심히 하는 스님이라도 걸음마를 배우듯 말을 배우지 않으면 맑고 좋은 기운을 다른 이에게 전할 수 없다. 너무 어린 나이에 출가한 스님은 사회생활을 해본 적이 없어서 그런지 예쁘게 말하는 법을 배우지 못했다. 그 결과 어린아이 수준의 말 습관이 나이가 들도록 고스란히 남아 있었던 것이다.

어린아이처럼 거침없이 자기 생각을 드러내는 건 말을 '잘' 하는 게 아니다. 말을 '잘' 한다는 건 '어른스럽게' 말한다는 것이다. 어린아이의 말을 가만히 들어보면 세 가지 점에서 어른의 말과 다르다.

첫째, 어린아이들은 내 기준만 생각한다. 남의 기준은 신경 쓰지 않고 내 기준으로만 말을 한다. 앞서 소개한 스님의 말은 모두 스님의 기준으로 한 말이다. 실제로 그해 절 앞에 심은 두릅은 스님 말처럼 모두 죽었다. 처사님과 달리 오랫동안 절에 기거한 스님은 절 앞의 토양이 두릅을 심기에 적절하지 않다는 사실을 알고 있었던 것이다.

하지만 스님은 알지 못했다. 두릅나무가 죽는다는 말을 들은 사람의 마음도 죽는다는 걸. 거짓을 말할 수는 없으니 그냥 내 경험대로, 내 기준대로만 말해버린 것이다. 짬뽕이 맛없다는 말도 마찬가지다. 내 입에 맛없으니 맛없다고 했을 뿐이다. 역시 거짓을 말할 수는 없으니 사실만 전달했을 뿐이다.

둘째, 어린아이들은 내 기분만 생각한다. 하고 싶은 말을 하고 나면 속이 후련해진다. 스님은 두릅에 대해 자신이 아는 사실을 말함으로써 답답했던 마음이 풀렸을 것이다. 짬뽕 맛에 대한 평가를 주방장에게 전달함으로써 찜찜했던 기분이 해소되었을 것이다. 그런데 이렇게 내 기분을 좋게 하는 말은 남 속을 죽이는 속성이 있다. 애써 두릅 50여 그루를 심은 아저씨의 속도 그 말에 죽었고, 열심히 요리를 만든 주방장의 속도 그 말에 죽었다.

셋째, 어린아이들은 분위기를 생각하지 않는다. 분위기는 다르게 말하면 상황과 맥락이다. 지금 이 말을 해도 되는 상황인지, 듣는 이에게 어떤 맥락으로 읽힐지를 판단하는 힘이 어린아이에게는 없다. 아주 어릴 적의 일화가 생각난다. 엄마가 다른 분들과 어울려 시장 어디에서 예쁜 옷을 파는지에 대해 얘기하고 있었다. 그때 옆에서 이야기를 듣던 내가 불쑥 끼어들어 말했다.

"못생긴 사람이 예쁜 옷 입으면 예뻐지나요?"

당황한 엄마는 내 팔을 꼬집었다. 나는 또 눈치 없이 말했다.

"아, 왜? 못생긴 걸 못생겼다고 말하는데 왜 꼬집어?"

순식간에 분위기가 싸해졌다. 결국 엄마는 사람들과 어울리지 못하고 나를 끌고 집으로 돌아와야 했다.

눈치 없는 사람은 자기 기준대로, 자기 기분대로 남을 죽이는 말을 내뱉는다. 하지만 어른은 다르다. 어른은 나와 다른 사람의 기준을 잘 살피고, 기분이 상하지 않게 말한다. 그렇게 듣는 사람을 살리고 마침내 자기도 살린다.

만약 스님이 처사님께 이렇게 말했다면 어땠을까.

"아이고, 이 더운 날 두릅 심으시느라 고생 많으셨네요. 점심 많이 드십시오. 제가 그곳에 두릅 심었을 때는 수확하기가 쉽지 않았는데, 이번에는 잘 자라서 많이 수확하시면 좋겠네요."

처사님은 스님께 고마운 마음이 들었을 것이다. 고생한 사실을 알아줬을 뿐만 아니라 두릅이 자라기 쉽지 않은 땅이라는 것도 알려줬고, 무엇보다도 농사가 잘되기를 빌어주었으니 말이다. 어쩌면 스님께 조언을 구해 거름을 주고 두릅을 살려냈을 수도 있다.

또 주방장에게 이렇게 말했으면 어땠을까.

"아유, 스님이라고 이렇게 많이 주시면 어떻게 해요. 남기려고 장사하시는 건데 밑지는 장사를 하시네요. 고맙습니다. 잘 먹겠습니다. 저번에 여기서 짬뽕을 먹었는데, 그땐 제 입맛이 별로였는지 맛을 잘 못 느꼈습니다. 오늘은 입맛이 도니 짜장면 맛있게 먹어보겠습니다."

주방장은 자신이 베푼 호의를 알아봐 준 스님에게 감사한 마음이 들었을 것이다. 그리고 주방으로 들어가 어떻게 하면 짬뽕을 더 맛있게 만들 수 있을지 고민했을 것이다. 어쩌면 언젠가 스님이 다시 오기만을 기다렸다가 새로운 레시피로 조리한 짬뽕을 내어주었을지도 모른다.

말이란 정말 아 다르고, 어 다르다. 세 치 혀끝으로 사람을 죽일 수도, 살릴 수도 있다. 그러니 기왕이면 같은 얘기를 해도 사람을 살리는 말을 하자. 사람을 죽이는 말은 끝내 자기도 죽게 만든다. 그때 어린아이처럼 말하던 스님도 이제는 말 '잘' 하는 방법을 깨우친 사람이 되어 있기를 마음속으로 바라본다.

말에는
사람의
체온이 담긴다

○ 농담

"이게 다 외로워서 그래요. 외로우면 우리 마누라에게 남자 하나 분양해달라고 하세요."

가정폭력으로 고발되어 법원의 명령을 받고 주말 1박 2일 부부캠프에 온 부부들이 하룻밤을 보내곤 조금 친해졌다. 식당에서 아침을 먹고 나오다 한 남편이 다른 여자들에게 웃으며 농담을 건넸다. 사람들은 민망한 표정을 지으며 어색하게 웃었다. 오직 한 사람만, 바로 그의 아내만 빼고 말이다.

잠시 뒤 오전 프로그램 진행을 준비하고 있는데 함께 일하는 선생님이 다급히 숨을 몰아쉬며 달려왔다.

"선생님, 지금 위층에서 대판 싸움이 났어요. 문을 잠가서 말릴 수도 없어요. 어쩌죠?"

우리는 얼른 숙소 책임자를 찾아 비상키를 들고 위층으로 올라갔다. 안에서 쇠를 긁는 듯한 아내의 고함 소리가 복도까지 쩌렁쩌렁 울렸다.

"뭐, 분양? 내가 그런 데서 일하는 여자냐?"

"아, 아니야. 그냥 농담으로 한 소리라니까."

"뭐, 농담? 그게 지금 할 소리야?"

급히 문을 열고 들어가자 속옷 차림으로 도망치는 남편의 모습이 보였다. 사람들이 보든 말든 그 뒤를 아내가 뒤쫓고 있었는데 눈에서 살기가 흐르는 게 느껴질 정도였다. 남편이 구석에 몰리자 아내는 손쓸 틈도 없이 손톱으로 남편의 목 아래를 할퀴었다. 남편의 피부가 벗겨지면서 바닥에 피가 뚝뚝 떨어졌다. 나와 다른 선생님은 그 모습에 충격을 받아 꼼짝할 수 없었다. 남편이 바닥에 주저앉아 울기 시작했다.

"이거 보세요. 제가 이러고 살아요. 한두 번이 아니라니까요. 보세요. 여기도 또 여기도."

남편은 몸에는 정말 긁히고 뜯긴 흉터가 가득했다. 남편이 피를 흘리는데도 아내는 아직 분이 덜 풀렸는지 씩씩

거리며 부르르 떨었다. 결국 부부는 중도 하차해 남편은 병원으로, 아내는 쌩하니 집으로 가버렸다. 잘 진행되던 부부 캠프가 아침부터 벌어진 부부의 싸움으로 어수선해졌다.

캠프를 마치고 상담소 실무자들과 평가를 하는데 사람들이 이구동성으로 남편의 철없는 농담을 성토했다. 아무리 농담이라도 할 말이 있고 안 할 말이 있지, 어떻게 아내 앞에서 다른 여자들에게 그런 얘길 할 수 있냐는 것이었다. 아내가 느꼈을 수치와 모멸감을 생각하면 아무리 폭력이 잘못되었다지만 아내 편을 들어주고 싶다고 했다. 나 역시 의견이 크게 다르지 않았기에 그저 고개를 끄덕였다.

원래 농담은 실없는 소리로, 한 번 웃자고 하는 소리다. 그런데 농담도 때와 장소를 가려 하지 않으면 낭패를 보게 된다. '농담 끝에 살인 난다'는 속담이 괜히 있는 게 아니다. 내가 장난으로 던진 돌멩이에 개구리가 맞으면 죽게 된다. 그래서 농담을 할 때는 과연 이 시점에 농담이 필요한지 빠르게 파악하고, 제대로 효과가 있을지 판단하는 센스가 필수적이다. 그런 센스 없이 하는 농담은 다른 사람을 베고 자기를 베는 칼이 될 수밖에 없다.

물론 반대로 센스를 갖추고 사람을 살리는 농담도 있

다. 안상학 시인은 「아배 생각」이라는 시에서 방황하던 젊은 날 자기를 일깨운 아버지의 농담을 소개하고 있다.

> 집을 자주 비우던 내가
> 어느 노을 좋은 저녁에 또 집을 나서자
> 퇴근길에 마주친 아배는
> 자전거를 한 발로 받쳐 선 채 짐짓 아무렇지도 않다는 듯
> – 야야, 어디 가노?
> – 예……. 바람 좀 쐬려고요.
> – 왜, 집에는 바람이 안 불다?
>
> 그런 아배도 오래 전에 집을 나서 저기 가신 뒤로는 감감무소식이다.

시인이 기억하는 아버지는 유쾌한 농담으로 넉넉하게 아들을 품어주는 사람이다. 아버지는 아들을 직접적으로 야단치지 않고 피식 웃음이 나오게 하는 농담으로 무엇을 잘못하고 있는지 일깨워준다. 이때 아버지가 던진 농담은 아들을 수용해주고 살려주는 명약이다. 그런 아버지의 농담을 더 이상 들을 수 없게 된 시인은 아버지에 대한 그리

움을 시에 가득 담아내고 있다.

　농담이 사람을 살리느냐 죽이느냐는 그 사람을 향한 내 마음이 차가운가 따스한가로 판가름 난다. 유명한 카피라이터의 말 가운데 이런 말이 있다.
　'말은 오븐에서 나와야지, 냉장고에서 나와서는 안 된다.'
　농담도 이 원리에서 벗어날 수 없다. 부부 사이 문제는 외로움 때문이라며 우리 아내에게 남자 한 명 분양받으라는 농담은 아내에 대한 따스한 마음에서 나온 것이라고 보기 어렵다. 아마도 아내에 대한 안 좋은 감정이 쌓여 차가운 마음에서 나왔을 것이다. 이는 농담이 아니라 비난이다.
　남편의 농담과 달리 집에는 바람이 안 불더냐고 던진 아버지의 농담은 방황하는 아들이 마음을 다잡길 바라는 따스한 마음에서 나온 것이 분명하다. 아들이 오래도록 아버지의 농담을 기억하며 그리운 마음을 품고 있기 때문이다. 이처럼 농담이 독이 될지 약이 될지는 말하는 사람의 마음의 온도가 몇 도인가에 달려 있다.
　나는 인상이 좋은 사람을 만나면 이렇게 농담을 던지곤 한다.

"와, 인상이 참 좋으시네요. 거울로 저를 보는 줄 알고 깜짝 놀랐습니다."

내가 던진 농담에 상대는 유쾌하게 웃으며 답한다.

"농담을 참 이쁘게 하시네요."

물론 상대가 이렇게 웃는 건 내가 던지는 농담이 상대방에 대한 따스한 마음에서 나왔기 때문이다. 나도 웃고 상대도 웃으면 어색하던 사이가 금방 가까워지고 경계도 풀린다. 좋은 농담이 사람과 사람 사이의 긴장을 느슨하게 만들어주는 윤활유가 되는 것이다.

어른은 상대를 늘 웃게 하는 사람이다. 기왕 농담을 하려면 상대방을 기분 좋게 하는 농담을 하자.

차선을
바라는 것이
최선

○ 호응

    부부가 함께 상담을 마치고 간 다음 날부터 사흘 동안 격전과 냉전이 이어졌다. 상담을 받아도 효과는 잠시뿐, 이내 언제 그랬냐는 듯 같은 싸움이 벌어지자 남편은 절망했다. 이제 어떻게 해야 하나. 벼랑 끝에 내몰린 기분이었다. 결론은 '우리 부부 사정을 제일 잘 아는 상담 선생님께 나 혼자 상담을 받아보자.'였다. 부부 상담을 한 지 일주일 만에 남편 혼자 상담실을 찾아왔다.

    내가 보기에 남편은 합리성을 중요시하고, 감정을 최대한 통제하는 사람이었다. 성격도 매우 차분했다. 반면 아내는 논리보다는 감정을 중요시하고, 좋고 싫음이 단순한 편이었다. 갈등이 발생하면 어김없이 이런 두 사람의 성격적 특성이 강하게 부딪혔다.

남편은 화낼 일도 아닌데 급발진으로 불같이 화를 내는 아내를 이해할 수 없었다. 그때마다 조리 있게 설명해서 오해를 풀려 했지만, 그럴수록 아내는 더욱 격노했다. 심할 땐 욕설과 막말도 튀어나왔다. 도대체 이런 아내를 어떻게 해야 하는가. 싸움이 반복될수록 남편의 마음속에는 이혼하고 싶다는 생각이 야금야금 피어올랐다.

하지만 아내 역시 남편에게 서운한 게 많았다. 속상한 자신의 마음을 헤아려주기는커녕 차가운 눈빛으로 조곤조곤 따지고 드는 남편이 미치도록 미웠다. 남편은 아내가 왜 화를 내는지 전혀 이해하지 못했다. 오직 자기의 논리가 우선이고 최고였다. 어쩜 인간이 저렇게 차가울 수 있을까. 평생 같이 살아온 사람의 마음을 어쩜 이리 모를 수 있을까. 급기야 아내의 입에서는 이렇게 살 거면 이혼하자는 얘기가 나왔다.

나는 남편에게 말했다.
"결혼 잘못하셨어요."
잠시 침묵. 남편 눈에 눈물이 고였다. 눈물 속에는 여러 가지 감정이 담겨 있었다. 결국 이렇게 될 수밖에 없었나 하는 후회와 미래에 대한 불안이 동시에 보였다. 나는 조심스레 말을 이었다.

"선생님은 조금 더 차분한 성격을 가지고, 이성적인 부분을 중요시 여기는 분과 결혼하셨어야 해요. 그러면 대화로 모든 걸 풀 수 있으니 다툴 일이 없었을 거예요."

남편이 고개를 끄덕이며 긴 한숨을 내쉬었다.

"그런데 이미 결혼했고, 어린아이도 둘이나 있는데 어떡하겠어요. 당장 헤어질 순 없잖아요. 애들을 봐서라도 해볼 수 있는 건 다 해봐야죠.

제가 상담하면서 살펴보니 아내분은 대화로 해결할 수 있는 스타일이 아니에요. 성격이 급하시고 호불호가 분명해서 상황 파악이 되면 자기 기준대로 바로 밀어붙이는데 대화가 통할 리 없죠. 이런 분들은 화를 먼저 풀고 얘기를 나눠야 해요. 화가 난 상태에서는 귀가 닫히고 입이 열리기 때문에, 귀가 열리길 바라야 해요. 설득하겠다고 말씀하시면 오히려 화만 돋우는 겁니다.

지금과는 전혀 다른 방법이 필요해요. 아내분은 그 방법을 기다리고 있다고 보시면 돼요. 결혼하고 난 후부터 지금까지 쭉. 그걸 남편이 찾아내지 못하니 아내분도 이혼하고 싶어지는 겁니다."

남편은 고개를 들고 가만히 나를 쳐다보았다.

"그 방법이 도대체 뭘까요?"

"간단합니다. 안 먹히는 방법을 안 하는 거예요. 대화와 설명을 지금부터 안 하시면 됩니다. 성공한 적 한 번도 없잖아요? 그렇죠? 네! 안 하시면 돼요."

남편은 기가 막힌 표정으로 다시 물었다.

"그럼 화낼 때 그냥 가만히 있을까요?"

"아뇨. 가만히 있으면 왜 가만히 있냐고 다그칠걸요?"

"맞아요. 가만히 있으면 사람 말이 말같이 안 들리냐며 또 뭐라 하더라고요."

"그러니까 설명도 하면 안 되고, 가만히 있어도 안 돼요. 이렇게 말해야 해요."

남편이 귀를 기울였다.

"아아~ 그런 생각이 들어?"

남편이 눈을 동그랗게 떴다.

"이때 '아아' 이 두 글자가 제일 중요해요. 비아냥거리는 '아아' 아니고요. 질렸다는 '아아'도 아니에요. 여기서 '아아'는요. 그래, 그런 생각으로 지금 당신이 화가 난 거구나 하는 깨달음의 소리예요. 뭔가 캐치했다는 느낌과 탄식

하는 느낌을 두 글자에 담아야 해요. 앞의 '아'는 이해했다는 느낌의 '아'고요, 뒤의 '아'는 어쩌냐 이제 하는 탄식 느낌의 '아'예요. 그것만 하시면 돼요. 그럼 나머지는 마술처럼 풀려요."

"정말요?"

"그럼요. 그러면 아내분이 그러겠죠. '그럼 당신은 이런 생각 안 들어?' 이때 아니라고 말하면 절대 안 돼요. 그건 아내분이 원하는 답이 아니에요. 아내분은 사실 이렇게 묻고 있는 거예요. '내 말이 맞지? 안 그래?' 그러니까 이렇게 답하셔야 해요. '흐음, 당신이 그렇게 생각할 수도 있겠네.' 그러면 끝입니다. 그 뒤로는 지금까지와는 전혀 다르게 흘러갈 겁니다. 남편분이 아내분을 받아주었으니까요. 아내분은 그걸 바라는 거예요.

부부 사이는 특별합니다. 맞고 틀리고는 중요하지 않아요. 내 마음을 알아주느냐 않느냐가 훨씬 더 중요해요."

남편의 눈이 좌우로 바쁘게 움직였다. 생각이 많아졌다는 뜻이다. 그러더니 난감한 표정을 짓고 고개를 끄덕이다 손을 만지작거렸다. 마음이 복잡해졌기 때문이다. 나는 말했다.

"내가 가장 중요하게 생각하는 대화를 이제 못 하는구나 싶어 절망스러우시죠?"

"네, 솔직히 이제 어떻게 살아가야 하나 싶어요."

"그냥 사시면 됩니다. 좋을 땐 좋으시잖아요. 아내분이 기분파라 컨디션이 좋을 때는 아이처럼 좋아하고, 사람을 즐겁게 해주잖아요."

"네, 그런 모습에 반해 결혼했지요."

"그러니까요. 좋을 때 나랑 애들을 즐겁게 해주는 사람과 왜 못 살아요. 안 좋을 때의 대처법을 몰랐는데, 오늘 알게 됐으니 된 거잖아요. 결혼은요 선생님, 최선이 없다고 보시면 돼요. 내가 제일 중요하게 생각하는 거 하나쯤은 내려놓으셔야 해요. 그게 차선이에요. 그런 차선이 실은 최선이랍니다."

"네, 알겠습니다. 뭔가 보이고 머리가 좀 맑아졌습니다. 고맙습니다."

상담실에 들어올 때보다 한결 가벼워지고 밝아진 표정으로 남편이 문을 열었다. 그런 남편의 모습을 보며 나는 혼잣말로 중얼거렸다.

"결혼은 살을 내주고 뼈를 취하는 거예요. 작은 걸 내수고 큰 걸 받으세요. 설명을 내주면 화목이 들어옵니다.

나쁜 사람은 없어요. 내가 가진 걸 가지지 않았다고 나쁜 사람이라고 오해하는 사람만 있을 뿐이에요. 당신도 아내도 다 좋은 사람입니다."

내려놓을수록
특별해진다

○ 권위

선민의식에 특권의식을 더하면 무엇이 될까. 정답은 권위의식이다. 선민의식이란 '나는 우월하다'라는 의식이다. 특권의식은 '나는 예외다'라는 의식이다. 나는 우월하기에 다르게 대접받아야 한다는 의식을 권위의식이라 한다.

오래전 대학원에서 공부할 때의 일이다. 교수 몇 분을 모시고 제주도로 여행을 간 적이 있다. 기분 좋게 렌터카를 타고 가는데 교통단속 경찰이 길가에 차를 세우라는 신호를 보냈다. 차를 세우자 경찰은 과속했다며 운전면허증을 요구했다.

"아, 죄송합니다. 저희가 Y대 교수들인데 급하게 국제학술대회를 가느라 속도를 낸 것 같습니다. 좀 봐주시면 안 될까요?"

순간 난감한 표정으로 교수를 바라보던 경찰이 차분한 목소리로 말했다.

"아, 그러세요? 그런데 교수님, 그러니까 규정 속도를 더 지키셔야 하는 거 아닌가요? 알겠습니다. 오늘은 그냥 가십시오."

교수는 고맙다고 말한 뒤 창문을 올리고 다시 액셀을 밟았다. 그러면서 말했다.

"짜아식이 말이야. 어디 딱지를 끊으려고. Y대 교수면 장관급인데 말이야."

그 순간 뒤에 타고 있던 나와 다른 대학원생은 기가 막힌다는 표정으로 서로를 바라봤다. 국제학술대회에 간다는 거짓말도 놀라운데, 언제부터 Y대 교수가 장관급이 된 걸까. 나도 모르게 얼굴이 붉어지며 내가 이런 교수 밑에서 공부한다는 사실이 부끄러워졌다. 경찰 말대로 설령 국제학술대회에 늦었더라도, 장관급의 권위를 가진 Y대 교수라면 그러니까 더 규정을 잘 지켜야 하는 게 아닌가 싶었다. 교수의 말과 행동은 교수라는 선민의식과 특권의식이 결합

된 권위의식의 발로였다. 즐거웠던 제주도 여행은 그렇게 아직도 불쾌한 경험으로 내 기억 속에 남아 있다.

세월이 흐르고 교수가 된 나는 우연히 제39대 미국 대통령이었던 지미 카터 대통령 내외를 만날 일이 생겼다. 카터 대통령 부인이 미국에 설립한 돌봄연구소가 한국에도 세워졌는데, 초대 소장이었던 내가 인천공항으로 마중을 나가게 된 것이다. 그런데 카터 대통령 내외를 처음 본 나는 깜짝 놀랐다. 아흔에 가까운 전직 대통령 내외가 몇십 년 된 듯한 낡은 트렁크를 손수 끌고 걸어왔기 때문이다. 경호를 맡은 사람들도 유난을 떨지 않았기에 모르는 사람이 보면 미국 시골에 사는 어느 노부부가 관광차 한국을 찾은 줄 알았을 것이다.

카터 대통령 내외를 모시고 방한 일정을 소화하는 와중에도 나는 그들의 소탈한 모습에 큰 감명을 받았다. 두 사람의 말과 행동에서 권위의식은 전혀 찾아볼 수 없었다. 편안한 표정으로 사람들을 대하고 격의 없이 대화를 나눴다. 특별 강연으로 받은 거액의 돈은 한국돌봄연구소에 조건 없이 전액 기부하였다. 진정한 권위란 이런 소탈한 모습에서 나오는구나, 나는 감탄을 거듭했다.

한 번은 여러 사람이 함께하는 식사 자리에서 카터 대통령이 가장 인상 깊었던 통역사에 대한 이야기를 꺼냈다. 중국을 방문해 수많은 대중 앞에서 연설할 때의 일이었다. 긴장된 분위기를 부드럽게 만들기 위해 10분 넘게 유머를 던졌는데 중국인 통역사가 한 마디도 통역하지 않고 듣고만 있더란다. 이 긴 유머를 나중에 어떻게 통역하려고 그러나 걱정했는데, 중국인 통역사가 던진 짧은 한마디에 사람들이 박장대소를 하며 웃었다는 것이다. 그래서 나중에 뭐라 한 거냐 물었더니 통역사가 이렇게 답했다고 한다.

"제가 이렇게 말했습니다. 방금 각하께서 농담을 하셨으니 모두 웃으세요."

나도, 동석한 귀빈들도 이 통역사의 일화를 듣고 깔깔 웃었다. 대통령이라면 자신의 말 한마디가 얼마나 무거운지 잘 알고 있을 테고, 이를 제대로 통역하지 않은 통역사에게 충분히 화를 낼 수도 있었지만, 그는 그러지 않았다. 오히려 통역사의 재치를 사람들에게 칭찬하고, 그럼으로써 사람들이 자신을 편하게 대할 수 있는 분위기를 만들었다. 그리고 아마 그 자리에 있는 사람들은 조금씩 느꼈을 것이다. 카터 대통령은 자신이 존경해도 될 만큼 그릇이 넓은 사람이란 걸. 이처럼 권위는 아래 사람을 쥐어짜는 게 아니라 자연스럽게 우러나오게 할 때 진정한 의미가 있다.

    몇 해 전 극단 연희단거리패 대표 이윤택 씨가 여배우들을 상대로 성범죄를 저지른 사실이 밝혀지면서 우리나라 연극계에도 미투 운동이 본격적으로 퍼지기 시작했다. 보도에 따르면, 그는 자신의 잘못을 따지러 온 단원들에게 이렇게 말했다고 한다.

    "나도 아는데, 나는 좀 봐주라. 나는 특별하잖아."

    이런 권위의식은 도대체 어디에서 나오는 것일까. 알려진 바에 따르면 이윤택 씨의 선민의식은 자신을 키워준 어머니로부터 비롯되었다고 한다. 그의 어머니는 어렸을 때부터 그를 '도련님'이라고 부르며 그가 특별한 사람, 다른 사람보다 우위에 있는 사람처럼 느끼게 해주었다. 어린 이윤택 씨의 머리를 누가 쓰다듬으면 '더러운 손' 치우라며 구박했고, 반찬으로 돼지고기가 올라오면 '우리 애는 소고기만 먹는다.'며 다시 밥상을 차릴 것을 요구했다. 그런 선민의식과 특권의식이 어릴 때부터 이윤택 씨의 몸에 배어 자신의 욕망을 채우기 위해서는 어떤 파렴치한 짓도 서슴지 않는 괴물이 된 것이다.

    그나마 다행인 건 우리 사회에 이런 권위의식이 발붙

일 곳이 조금씩 사라지고 있다는 사실이다. 나이를 앞세워 함부로 말하는 사람, 지위를 내세워 부조리한 일을 지시하는 사람, 돈으로 유세를 부리며 갑질을 하는 사람에게 더 이상 사람들은 굴복하지 않는다. 특히 젊은 세대들은 적극 자신의 권리를 주장하며 맞서 싸운다.

한 번은 구청에 갔다가 젊은 사회복지사와 할머니의 다툼을 목격한 적이 있다. 자신의 요구 사항이 수용되지 않자 할머니가 사회복지사에게 이렇게 말했다.

"아니, 나이도 어린 사람이 뭘 이래라저래라야."

그러자 사회복지사가 물러서지 않고 대꾸했다.

"할머니, 숨만 쉴 줄 알면 먹는 게 나이예요. 그럼 할머니보다 나이 많은 분 모시고 와서 이래라저래라 하면 말 들으실 거예요?"

결국 할머니는 사회복지사에게 자신이 한 말을 사과할 수밖에 없었다.

오늘날은 합리성의 시대다. 나이가 많다고, 경험이 더 많다고 밀어붙이는 사람은 도태될 수밖에 없다. 직위 역시 유동적이다. 능력이 좋으면 누구나 더 많은 권한과 책임을 가지고 일을 꾸려나갈 수 있다. 심지어 가장 보수적인 집단이라 인정받는 군대에서도 비상식적인 지시와 계급에 따른 부조리 행위를 거부할 수 있게 되었다.

현명한 어른은 시대의 흐름을 거스르지 않는다. 오히려 그 흐름 속에 담긴 시대정신을 찾아내 스스로 체화한다. 혹여 먼저 어른으로 대접받고자 하는 마음을 가진 사람이 있다면 어서 그 마음을 비워버리자. 평등하게, 동행하는 마음으로 권위를 놓고 다가서야 비로소 어른으로 대접받을 수 있다. 새로운 세상에서 요구하는 어른은 합리적인 어른이다.

III

어른의 감정

세상
모든 감정은
정상이다

○ 욕구

몇 년째 가톨릭 평화방송 라디오 〈감정식당〉 코너에 고정패널로 출연하고 있다. 라디오 프로그램에서 진행자와 나는 자주 이런 말을 주고받는다.

"진행자님, 지금 사연 주신 분이 느끼는 감정은 불안인 것 같지요?"

"네, 그런 것 같습니다."

"그렇다면 이런 불안은?"

"정상이다!"

"맞습니다. 정상입니다!"

사실 라디오 청취자들은 정답을 이미 알고 있다. 몇 년 동안 사연을 보내주신 분들의 감정은 '정상'이라는 얘기를 들어왔기 때문이다. 그렇다. 내가 느끼는 모든 감정은 정상이다. 그리고 나의 모든 감정은 솔직하다.

감정이 문제가 된 적은 없다. 정상인 감정을 정상적으로 표현하면 아무런 문제도 발생하지 않는다. 설령 적대감이나 분노 같은 부정적 감정이라도 문제가 생기지 않는다. 문제는 정상인 감정을 비정상적으로 표출할 때다.

최근 외도가 의심된다며 남편의 중요 부위를 흉기로 절단한 아내가 사람들의 주목을 받은 일이 있다. 사람들이 이 사건에 크게 놀란 이유는 단 하나다. 보통 사람들은 상상도 할 수 없는 잔인한 방법으로 분노를 표출했기 때문이다. 남편의 외도가 의심되는 상황에서 아내가 화를 내는 건 지극히 정상이다. 이런 상황에 화를 내지 않으면 도리어 그게 비정상이다. 그러나 아무리 화가 나도 보통 사람들은 배우자를 끈으로 묶고 중요 부위를 절단하지 않는다. 비정상적인 행동이기 때문이다. 아내는 정상적인 화를 비정상적으로 표출했다.

어른으로 성장한다는 건 모든 감정은 정상이라는 사실을 받아들이는 사람이 되는 것이다. 그리고 감정을 누가 봐도 고개 끄덕일 수 있는 방법으로 표현하는 사람이 되는 것이다. 이 두 가지 가운데 하나라도 제대로 알거나 실행하지 못하면 어른의 자격을 갖추지 못했다고 단언할 수 있다.

조선 시대 명재상이었던 황희 정승은 손자가 할아버지의 수염을 잡아당기자 이렇게 말했다고 한다.

"아야, 아야, 아프다."

아무리 인자한 황희 정승이라도 손자가 당기는 수염이 아프지 않았을 리 없다. 아무리 너그러운 할아버지라 하더라도 손자의 행동에 화가 나지 않았을 리 없다. 그런데 황희 정승은 벼락같이 화를 내거나 아이를 꾸짖지 않았다. 다만 자신의 상황을 솔직하게 전했다. 그것도 아이 눈높이에 맞춰 쉬운 말로 표현했다. 이것이 황희 정승을 후세에도 존경하는 이유다. 자신의 정상적인 감정을 상황에 맞게 정상적으로 표현한 할아버지가 황희 정승이었다.

만약 황희 정승이 요즘 시대에 다시 태어난다면 과연 어느 대학교에 입학할 가능성이 높을까? 나는 하버드 대학교에 한 표를 주고 싶다. 하버드 대학교에서 요구하는 인재상과 황희 정승의 모습이 일치하기 때문이다. 세계 최고 명문인 하버드 대학교에서 요구하는 인재상은 세계를 이끌어 나갈 리더다. 그런 리더에게 가장 필요한 덕목을 하버드 대학교는 '부정적인 감정을 잘 표현하는 능력'으로 보고 있다. 황희 정승이 손자와의 에피소드를 하버드 대학교 입학 에세이로 작성해서 낸다면 분명 합격할 가능성이 크다.

모든 감정이 정상이라면 부정적인 감정도 당연히 정상이다. 부정적인 감정을 정상적인 방법으로 표현하려면 어떻게 해야 할까. 〈감정식당〉이라는 라디오 코너에 출연하고, 『감정식당』이라는 책을 쓰고, 〈감정식당〉 셰프로 프로그램을 운영해본 경험에 의하면 부정적 감정을 정상적인 방법으로 표현하는 방법은 의외로 간단하다. '왜 이런 감정이 생겨났는지'만 알아내면 된다.

예를 들어 '불안'이라는 부정적 감정이 생기는 이유는 안전하게 살고 싶기 때문이다. 안전하게 살고 싶은데 신변을 위협하는 일이나 사건이 생길 것 같으니까 불안해지는 것이다. '열등감'은 우월하게 살고 싶기 때문에 생긴다. 남들보다 우위에 서고 싶은데 그럴 능력이 안 되니까 열등감이 생기는 것이다.

부정적 감정이 생기는 이유를 한마디로 표현하면 '욕구' 때문이다. 욕구가 있기 때문에 감정이 생긴다. 욕구가 없으면 당연히 감정도 없다. 무언가를 바라기 때문에 감정이 생기는 것이다. 바라는 대로 되면 긍정적 감정이 생기고, 되지 않으면 부정적 감정이 생긴다. 그것이 감정이 생기는 원리의 전부다.

그러므로 부정적 감정을 잘 표현하기 위해서는 먼저 이 감정을 가져온 나의 욕구가 무엇인지 알아내야 한다. 그것만 알아내면 부정적 감정을 다루는 노련한 조련사가 될 수 있다. 안전하게 살고 싶은데 위협적인 일이 생길 것 같다면, 불안에 떨 게 아니라 더 안전한 곳으로 이동하거나 자신을 안전하게 해줄 사람을 찾아야 한다. 최소한 그런 아이디어라도 떠올려야 한다. 이런 노력이 불안을 정상적으로 표현하는 방법이다. 그리고 어른은 그런 감정의 근원을 찾아내는 일에 능숙하다. 예를 들면 이런 식이다.

욕구	감정
안전하게 살고 싶다	불안
좋은 건 내가 가지고 싶다	시기심
나 잘난 맛에 살고 싶다	열등감

어른은 아이에 비해 아는 게 많아야 한다. 특히 감정에 대해 아는 게 많아야 한다. 그중에서도 부정적 감정에 대해 아는 바가 많을수록, 그 감정이 어디에서 온 것인지 정확히

알수록, 감정에 휘둘리지 않고 감정을 잘 관리하며 살 수 있다. 감정의 포로에서 벗어나 감정의 주인이 되는 멋있는 어른으로 거듭날 수 있다.

힘겨운 감정에 사로잡혔을 때 내 마음대로 표출하고 주변 사람을 힘들게 하는 건 아이들이나 하는 짓이다. 황희 정승의 수염을 잡아당긴 그런 아이 말이다. 순간의 욕구를 참지 못하고 수염을 잡아당기는 아이가 될 것인지, "아야, 아야, 아프다."라고 말하며 가만히 부드럽게 아이의 손을 감싸주는 어른이 될 것인지는 독자 여러분의 선택에 달려 있다.

영원한
개구쟁이
선생님

○ 호기심

정신과 의사였던 우리 선생님은 라디오에서 청소년 성_性 상담을 오랫동안 진행했다. 이때 남학생들에게 가장 많이 받은 질문은 자위에 대한 것이었다. 자위하면 병이 생기느냐부터 시작해 빈도를 줄이려면 어떻게 하면 좋으냐에 이르기까지 비슷비슷한 질문이 수도 없이 이어졌다. 어느 날 선생님이 말했다.

"내 것 가지고 내가 내 마음대로 하는데 누가 뭐라나요?"

본질을 꿰뚫어 보는 기상천외한 대답으로 그 뒤 남학생들의 질문이 많이 줄었다. 살면서 성적인 행위로 문제가 되는 건 남의 것을 가지고 내 마음대로 할 때다. 내 것 가지고 내가 마음대로 할 때는 다른 사람에게 피해를 주지 않는다.

선생님의 기발한 생각은 어린 시절부터 남달랐다. 중학생 때 선생님은 장래 희망으로 지구를 들어 올리겠다고 말했다. 친구들이 어떻게 지구를 들어 올리냐며 놀리자, 선생님은 당장 보여주겠다며 물구나무서기를 했다. 곁에 있던 친구들이 박장대소했다. 그날을 기억하는 친구들은 훗날 나이가 들어서도 자주 이 에피소드를 이야기했다.

이런 선생님을 나는 '영원한 개구쟁이'라고 부른다. 개구쟁이는 누가 이래라저래라 참견하는 걸 천성적으로 싫어하고 단호히 거부한다. 모두가 이렇다고 말하는 것에는 엉뚱한 생각으로 반기를 든다. 그리고 자기만의 방식으로 세상과 살아간다.

개구쟁이들의 가장 큰 특징은 호기심이다. 호기심이란 기존의 상식과 원리가 정말 그런가 궁금해하는 마음이다. 정말 이 일의 본질은 무엇일까를 나만의 색과 시선으로 알고 싶어 하는 마음이다. 그래서 모든 호기심은 주체적이고 창조적이다. 타인의 얼굴로 살지 않고 나의 얼굴로 사는 사람의 표정은 호기심 천국일 수밖에 없다.

흔히 어른의 얼굴을 생각하면, 근엄한 얼굴에 희끗한 머리, 진지한 목소리를 떠올린다. 하지만 이보다 더 멋진 어른의 얼굴은 호기심을 가득 품고 두 눈을 반짝이는, 장난기로 빛나는 얼굴이다. 세상의 틀에서 벗어난 자유로운 영혼, 영원히 배우려는 어린아이의 눈빛을 가진 어른이야말로 그 어떤 적도 두지 않는 귀여운 어른이자 멋진 어른이다.

사람의 인생을 각도로 이야기하면 0도에서 360도까지 네 단계로 이야기할 수 있다. 0도에서 90도까지는 어린 시절의 호기심이 가득한 시기다. 무엇이든 궁금해하고 알려고 한다. 그런데 이 시기는 아무것도 모르는 상태에서 알려고 하기 때문에 잘못된 얘기를 들어도 그것이 잘못된 것인지 모르는 위험이 있다. 마치 챗GPT가 주제와 관련된 모든 의견을 받아들이다 보니 잘못된 사실도 지식으로 포장해서 말하는 것과 마찬가지다.

90도를 넘어 180도에 이르는 기간에는 세상의 지식과 원리들을 배우게 된다. 철없던 어린 시절의 생각과 180도 다른 생각을 하게 된다. 유치한 내 얼굴을 벗고, 세상이 정한 얼굴로 살게 되는 시기가 바로 이때다. 그러다 270도까지 변하는 시기가 오면 세상의 생각과 나의 경험이 어우러지면서 나만의 색이 생기기 시작한다. 세상의 생각을 참고하되 나의 생각을 주되게 하는 주체적인 내가 되는 것이다. 그리고 마침내 360도에 도달하게 된다. 겉으로 봐서는 어린 시절과 똑같이 호기심이 가득해 보이지만, 속으로는 영글 대로 영근 지혜가 가득한 시기다. 지혜가 가득함에도 호기심을 간직할 수 있는 까닭은 지혜에 끝이 없다는 사실을 알기 때문이다.

제대로 된 어른은 360도의 경지로 사는 어른이다. 거의 모든 것을 알지만 아무것도 모른다는 마음으로 세상일과 사람들에게 호기심을 잔뜩 품고 사는 개구쟁이가 제대로 된 어른이다. 이런 어른에게서 찾아볼 수 없는 것이 진부함이다. 어디선가 들어본 이야기, 누구나 할 법한 그런 이야기를 360도 경지에 이른 어른은 하지 않는다. 대신 끊임없이 물어보고, 그 물음에 대한 그만의 독특한 생각을 얘기한다. 내 것 가지고 내가 만지는데 누가 뭐라느냐는 말은 이런 360도의 경지에서 할 수 있는 호기심 천국 개구쟁이만의 기발한 답변이다.

나를 포함한 몇 분이 선생님에게 인생의 지혜를 배우

고 있을 때였다. 60대 중반의 학생 한 분이 선생님에게 고민을 털어놓았다.

"선생님, 저는 중학교 때 연달아 부모님이 돌아가시면서 제 의사와 무관하게 동생들의 부모로 살아와야만 했어요. 그러다 보니 저는 지금껏 한 번도 제가 좋아하는 옷을 산 적이 없어요. 제 기준은 늘 '나쁘지 않으면 산다'였어요. 가진 돈이 많지 않았기에 근검절약이 몸에 밴 거죠. 그러다 요즘 '이제 먹고살 만한데 꼭 이렇게 살아야 하나' 싶어지더라고요. 그래서 요즘은 옷도 처음으로 제가 원하는 걸 사고, 귀걸이며 목걸이도 사고 있어요. 선생님, 이제 저 이래도 되는 거죠?"

선생님은 질문하신 분을 가만히 보다가 말했다.

"너무 늦었다."

함께 있던 사람들의 폭소가 터졌다. 질문한 본인도 까르르 뒤로 넘어갔다. 예쁘게 꾸미려면 진작 젊고 아름다울 때 꾸밀 일이지 왜 이제 와서 꾸미려고 한단 말인가. 옷을 사고 장신구를 사는 게 나이와는 상관이 없지만, 꽃 피우는 시기를 다 놓치고 지금에야 꽃을 피우려고 하니 안됐다는 이야기를 선생님은 짧은 한마디로 표현한 것이다. 호기심 천국 개구쟁이다운 답이 아닐 수 없다.

나는 30여 년 동안 선생님 곁에서 선생님을 만나며 호기심을 배웠다. 나만의 얼굴로 살아가기 위해서는 호기심을 간직하는 것 이상이 없다는 사실도 배웠다. 늘 사물과 사람과 그 사이에서 일어나는 일의 본질을 궁금해하고, 그것을 알아낸 후에는 나만의 방식으로 장난스럽게 표현하는 방법을 조금씩 익혔다.

중세 유대교 철학자였던 마이모니데스는 '나는 모른다'는 말을 혀에게 가르치라고 이야기했다. 나는 안다고 생각할 때는 알고 싶은 욕구가 아니라 알리고 싶은 욕구가 생긴다. 나는 모른다고 생각할 때만 모르는 것을 알고 싶은 욕구가 생긴다. 무엇이든 잘 아는 어른보다 나는 모른다는 생각으로 세상과 나에 대한 호기심을 잃지 않는 어른이 되어보면 어떨까. 재미있는 대답으로 늘 다른 사람들을 즐겁게 해주는 진부하지 않은 어른이 되어보면 어떨까.

가만있어
보자

○ 절제

대학원에 〈폭력과 상담〉이란 과목을 개설한 적이 있다. 한 학기 동안 학생들과 가장 많이 나눈 이야기는 '폭력을 행사하는 사람들은 도대체 누구인가?'였다. 그동안 아내 구타, 부모 학대, 자녀 학대, 학교 폭력, 성폭력 가해자 등을 30년 넘게 상담하다 보니 이들은 폭력를 행사하는 장소와 종류만 다를 뿐 두 가지 공통점을 가지고 있었다.

첫 번째 공통점은 '자기만 생각하는 사람'이라는 것이었다. 한 번은 아내와 크게 싸우고 경찰에 신고된 남편을 집단 상담에서 만난 적이 있다. 그는 몸살로 누워 있는 아내 어깨를 발로 툭툭 치며 "야, 당장 죽을 거 아니면 저녁 좀 차려. 종일 땡볕에서 일하느라 배고파 죽겠어."라고 말했다가 발끈한 아내와 싸움을 벌였다. 하지만 그는 자신은 폭력을 휘두른 적이 없다고 했다. 아내 얼굴을 주먹으로 때리지도 않았고, 물건을 험하게 던지지도 않았으니 폭력을 휘두른 게 아니라는 것이다. 그는 분명 오해하고 있었다. 몸살로 힘들어하는 아내의 몸 상태나 기분은 아무 관심도 없고, 오로지 내 배고픈 거만 생각했으니 그것이 바로 폭력인 걸 말이다. 이럴 때 걱정스러운 얼굴로 엄마 이마를 짚으며 "엄마, 어떡해. 물 좀 떠다 줘?"라고 말하는 중학생 자식이 있었다면 그 아이는 이미 어른이라 할 수 있다. 나이가 많아도 아버지는 아이에 불과하고, 나이가 어려도 자식은 이미 어른인 셈이다.

그러므로 폭력을 행사하는 사람은 '어른'이 아닌 '아이'라 할 수 있다. 어른인지 아이인지 구분하는 기준은 사실 나이가 몇인지, 사회적 지위가 어떠한지, 학력이 어느 정도에 이르는지와 무관하다. 오래 살았든, 지위가 높든, 많이 배웠든 상관없이 내 생각만 하면 아이, 상대 입장과 처지도 생각하면 어른이다.

두 번째 공통점은 '기분 나쁜 일이 생겼을 때 엄청 빨리 처리한다'는 것이다. 폭력을 휘두르는 사람은 조금이라도 불편한 걸 못 견뎠다. 그 원인을 후다닥 없애려 하고, 기분 나쁜 걸 참을 수 없어 즉시 화를 풀고자 했다. 그러다 보니 판단이 속도를 따라가지 못해 늘 후회할 결정을 하기 일쑤였다.

십여 년 전 부엌에서 설거지하는 아내에게 물 좀 떠 오라고 세 번을 말했는데도 물을 떠 오지 않는다는 이유로 칼을 휘두른 남편이 실형을 선고받은 일이 있다. 나는 그를 집단 상담에서 만났다. 남편은 일곱 형제 중 막내로 유일하게 남자였다. 아들을 낳으려고 갖은 애를 쓰다가 위로 딸 여섯을 낳고 얻은 귀한 아들이었다. 금이야 옥이야 부모는 아이가 말하는 모든 것을 다 들어주었다. 그 결과 아들은 자기만 아는 사람이 되었을 뿐만 아니라 누가 자기 요구를 들어주지 않으면 바로 응징하는 폭군으로 변하고 말았다. 학교 폭력으로 엄마가 학교에 가서 사과하고 사건을 무마하는 일이 부지기수였다. 그러던 아들이 마흔 넘어 결혼하고 한 달도 못 되어 아내를 물 떠오지 않는다는 이유로 칼로 찌른 것이다. 한마디로 그는 불편한 것을 견디지 못하는 사람이었다. 기분 나쁜 것을 참지 못하는 사람이었다. 그래서 그런 일이 생기면 성급하게 판단하고, 막 나가는 행동을 일삼았다. 욕을 퍼붓고 공격하고 칼을 들었다.

정도의 차이는 있으나 대개 폭력을 저지르는 사람은 물 떠오지 않는다고 아내를 찌르는 남자와 닮아있다. 싫은 상황을 번개처럼 벗어나고자 하는 충동을 자제하지 못한다. 그래서 판단이 굉장히 빠르다. 판단이 빠르다는 말은 눈앞에 벌어진 일에 대해 제대로 알아보지 않는다는 뜻이다. 상황을 가만히 들여다보지도, 이 일과 관련된 사람의 말을 들어보지도 않고 성급하게 속단한다. 그 속단에 따라 말을 내뱉고, 바로 행동으로 옮겨버린다. 상대로서는 미치고 팔짝 뛸 노릇이다. 제대로 알기도 전에 화를 내고, 기분 나쁘다고 물건을 던지고, 방문을 꽝 닫고 들어가니 기가 막힐 뿐이다.

자기 생각만 하고, 기분 나쁠 때 급하게 해결하려는 성향을 가진 사람은 폭력을 행사하는 사람만이 아니다. 철없는 '아이'도 이런 성향을 가진다. 자기밖에 모르는 아이는 기분 나쁜 일이 생겼을 때 울고 깨물고 던지며 해결하려고 한다. 제대로 된 어른에게서는 볼 수 없는 태도다. 그러니까 폭력을 행사하는 사람은 아이의 상태에서 마음이 자라지 않은 어른이다. 몸은 어른이지만, 아이의 마음으로 폭력을 휘두르는 것이다.

기분 좋을 때는 아이와 어른이 구분되지 않는다. 다 허

허 웃으며 서로에게 잘 대해주기 때문이다. 나에게 기분 나쁜 일이 생겼을 때 어떻게 하느냐가 어른인가 아닌가를 결정한다.

어른이 되는 방법은 의외로 간단하다. 기분이 나빠도 '가만있어 보자.' 하는 말을 스스로 던지면 된다. 가만 지켜보면 보이지 않던 일의 본질이 보이기 시작한다. 일이 생기게 된 원인도 보이고, 이 일과 관련된 사람들의 입장과 처지도 보인다. 보이면 헤아릴 수 있고, 신중하게 반응할 수 있다. 이것이 어른다운 모습이다.

우리가 흔히 쓰는 고사성어 중에 새옹지마塞翁之馬라는 말이 있다. 변방에 사는 노인의 말이 오랑캐 땅으로 달아나자 많은 사람이 입을 모아 그의 불행을 위로했다. 그때 노인은 이렇게 말했다. "두고 봅시다. 이 일이 좋은 일인지 나쁜 일인지." 얼마 뒤 그 말이 준마를 데리고 돌아오자 이번엔 사람들이 입을 모아 그의 행운을 축하했다. 그러자 노인은 또 이렇게 말했다. "두고 봅시다. 이 일이 좋은 일인지 나쁜 일인지." 노인의 아들이 준마를 타다 다리가 부러졌을 때도, 그 덕분에 전쟁터에 끌려가지 않게 되었을 때도 노인은 섣불리 화를 내거나 기뻐하지 않았다. 그 결과 흉사가 길한 일이 되고, 길한 일이 흉한 일이 되는 세상 이치를 후세에 전하는 모델이 될 수 있었다. 이렇듯 서두르지 않고 자기 기분에 취하지 않는 노인의 모습은 진짜 어른의 조건이 무엇인지 다시 한번 생각하게 한다.

기분 나쁜 일이 생겼을 때 한 박자 쉬면서 천천히 생각하고 판단하기. 관련된 사람들의 입장과 처지 그리고 마음을 헤아려보기. 이 두 가지를 습관처럼 행하면 주위에서 '진짜 어른'을 만났다는 소리를 듣게 될 것임이 분명하다.

우리 인생은 아이에서 어른이 되는 긴 여정이다. 몸만 커진다고 어른이 아니다. 마음도 몸 크는 속도에 맞춰 커져야 한다. 어른이 되고 싶지만 그 방법을 몰라 고민하는 사람이라면 폭력을 행사하는 사람의 두 가지 공통점을 생각해보자. 나는 그 반대로 살아야지, 결심하는 순간 이미 당신은 아이를 벗어나고 있는 중이다.

끝장을
보지 않아도
충분하다

○ 멈춤

　자살하는 사람에게는 자살을 예고하는 몇 가지 전조 행동이 있다. 그 가운데 하나가 자신이 평소 아끼던 물건을 주변 사람에게 건네는 것이다. 열아홉에 아파트 옥상에서 투신자살한 조카 친구가 그랬다. 자살하기 며칠 전 조카를 만난 친구는 자신이 분신처럼 아끼던 고급 볼펜을 건네며 말했다.
　"내가 제일 좋아하는 친구가 너야. 그리고 내가 살면서 제일 좋았을 때가 너랑 수학여행 갔을 때였어. 그때 휴대폰을 잃어버려서 엄마 전화를 받지 않아도 됐거든. 이 볼펜은 내가 제일 좋아하는 건데 널 주고 싶어."

웃으며 헤어진 친구는 며칠 뒤 스스로 목숨을 끊었다. 그 말이 유언이 되고, 친구가 건네준 볼펜이 유품이 될 줄 그때 조카는 상상조차 하지 못했다. 자살한 친구의 엄마는 국내 최고 대학을 나온 엘리트였다. 엄마는 하나뿐인 아들도 당연히 최고의 대학에 가기를 간절히 원했다. 엄마가 택한 방법은 아들을 막다른 골목까지 몰아넣는 것이었다. 어린 시절부터 아들은 잠자는 시간도, 밥 먹는 시간도 엄마의 계획에 따르고 통제를 받았다.

한 번은 어렵게 엄마 허락을 받고 조카와 함께 영화를 보는데 연달아 휴대폰 진동이 울렸다. 휴대폰에는 "언제 끝나?"라는 문자가 연거푸 남겨져 있었다. 영화를 다 보고 극장을 나왔을 땐 엄마가 팔짱을 낀 채 기다리고 있었다. 도끼눈을 뜬 엄마는 다짜고짜 아이 뺨을 때리면서 "이렇게 영화를 오래 보면 학원 숙제는 언제 해?"라고 소리를 빽 질렀다. 뺨을 맞은 아이는 어이가 없다는 듯 조카를 쳐다보며 얼른 가라는 손짓을 했다. 조카는 그런 친구 엄마의 모습도 놀라웠지만, 고스란히 엄마의 독한 소리를 받아들이는 친구의 모습도 놀라웠다.

친구의 장례식에 간 조카는 다시 한번 놀랐다. 엄마가 눈물 한 방울 흘리지 않으며 혼잣말로 이렇게 중얼거렸기 때문이다.

"못난 놈, 죽긴 왜 죽어. 다 왔는데."

아이 엄마는 멈춤을 몰랐다. 멈춰야 할 때를 모르고 오직 목표만을 향해 아들을 싣고 맹렬히 달려간 폭주 기관차였다. 멈춤을 한 건 아들이었다. 아들은 생을 멈춤으로써 이 열차를 강제로 멈추게 했다. 그럼에도 기관사였던 엄마는 식식대며 열차가 멈췄다는 사실을 받아들이지 못했다. 그녀는 대학 입학에 대해서는 전문가였을지 모르지만, 삶과 사람 마음에 대해서는 미숙한 어린아이였을 뿐이다.

다디단 오렌지도 너무 많이 짜면 쓴맛이 난다. 무엇을 해도 속 시원하게 끝을 보려는 사람은 아이에 불과하다. 아이가 어른과 다른 점은 자제와 절제를 모른다는 거다. 해가 졌는데도 놀이터에서 계속 놀려고 하고, 솜사탕을 입에 넣고도 사탕까지 먹으려 한다.

부부 사이에 외도 문제로 상담을 오는 경우도 비슷하다. 십중팔구는 중간에 멈추지 못하고 부적절한 관계를 끝끼지 가져가려다 이상한 낌새를 눈치챈 배우자에게 발각되어 온다. '꼬리가 길면 밟힌다'는 속담이 그냥 생긴 게 아니다. 꼬리를 중간에 자르지 못하고 길게 늘어뜨리려 하는 게 화근이 되어 꼭꼭 숨겨 놓았던 외도 사실이 한꺼번에 와르르 모두 밝혀진다. 바람을 안 피운 사람은 있어도 한 번 피운 사람은 없다는 말이 사람들 사이에 오가는 것도 이 때문이다. 한 번 하는 게 어렵지 일단 한번 하게 되면 그 맛을 알게 되어 끝장을 보려는 속성이 누구에게나 있다. 이를 자제할 수 있어야 어른이다.

술꾼들은 대개 "한 잔은 너무 많고, 천 잔은 너무 적다."라고 말한다. 한번 마시기 시작하면 끝장을 보려는 술꾼들의 특성을 스스로 인정한 말이다. 금주보다 어려운 게 적당히 마시는 것이다. 한번 시작하면 적당히 끊지 못하고 바닥을 봐야 하는 게 술꾼들의 공통점이다.

마약 중독자도 도박 중독자도 술꾼과 마찬가지다. 그들은 멈추는 방법을 모른다. 도박장에는 창문과 시계가 없다. 지금이 밤인지 낮인지 구분을 할 수 없게 만드는 곳이 도박장이다. 어느 날 문득 "지금 몇 시지? 지금이 아침인가 밤인가?" 궁금해 주위를 둘러봐도 시계도 없고, 창문도 없어 해가 뜨고 지는 것을 알 방법이 없다. 시간 생각하지 말고 계속 도박에 정신을 쏟으라는 친절한 배려가 도박장 공간에 스며들어 있는 것이다. 이 즐거움의 끝장을 보려는 사람들은 도박장의 친절한 배려에 간절한 베팅으로 보답한다.

그러다 모든 재산을 탕진한다. 그것도 모자라 빚을 지면서까지 도박을 이어간다. 이처럼 모든 중독은 끝까지 가려는 성향이 있기 때문에 인생도 끝장나곤 한다.

친구 가운데 '말 나온 김에'라는 말을 습관적으로 하는 친구가 있었다. 친구는 불의를 참지 못하는 사람이었다. 다른 친구가 뭔가를 잘못하면 예외 없이 "이런 게 너는 잘못됐다." 하고 말을 꺼낸 뒤 '말 나온 김에'라며 하고 싶은 모든 이야기를 퍼부었다. 그러자 시간이 지날수록 가까운 사람들이 그를 멀리하기 시작했다. 그는 말을 시작했으면 끝장을 봐야 한다고 생각했기 때문에 사람들에게 할 말을 다 했고, 그 결과 사람들 마음에 깊은 상처를 주었다. 듣기 좋은 노래도 1절에 그쳐야지 3절까지 가면 듣는 사람이 괴롭다. 어느 정도 말해서 알아들었다고 생각하면 적당한 선에서 멈출 줄 알아야 어른이다.

정권이 바뀌면 정치가들이 가장 먼저 손을 대는 게 이전 정권의 그림자를 지우는 일이다. 수백억 들여 만들어놓은 건축물이 납득할 수 없는 이유로 철거되고, 좋은 효과를 내던 사업이 돌연 멈추어지는 것은 그 때문이다. 정치 보복이라는 말이 우리 사회에서 낯설지 않은 것은 이전 정권의 잘못을 끝까지 물고 늘어지는 현 정권의 속성 때문이다. 그만큼 우리나라는 집요하고 잔인하게 이전 정권을 응징하려 한다. 17세기에 살았던 신부이자 철학자인 발타자르 그라시안Baltasar Gracián은 "극단적인 정의는 불의가 된다."라고 했다. 끝장을 보려고 하면 멀쩡한 부분도 모두 죽어 나간다는 뜻이다. 항암 치료에서 방사선으로 암세포를 쬐면 덩달아 정상 세포도 죽어 나가는 것과 같다.

어른은 좋은 일이든 나쁜 일이든 끝장을 보려 하지 않는다. 대신 어느 정도 선에서 멈춘다. 쾌감을 주는 일도 끝까지 즐기려 하지 않고, 적당한 선에서 멈춘다. 고통을 주는 상대에 대해서도 막다른 골목까지 몰아붙이지 않는다. 쥐도 막다른 골목에 몰리면 고양이를 문다는 사실을 오랜 인생 경험으로 알고 있기 때문이다. 기분 좋은 일이 생기거나 기분 나쁜 일이 생길 때 얼마나 마지막까지 가려고 하느냐가 나의 어른 지수를 결정한다. 영화 〈친구〉의 마지막 명대사가 떠오른다.

"고마해라. 마이 무따 아이가."

고만할 때를 아는 사람이 진짜 어른이다.

집착은
결핍의
자식이다

○ 의심

"아침마다 몇 시간씩 저 바위 위에 앉아 꼼짝을 않네."

의처증이 심한 남편을 피해 산사로 들어온 아내는 멍하니 하늘을 바라보며 몇 날 며칠을 돌멩이처럼 앉아 있었다. 그 모습을 본 스님이 나를 불러 차 한잔 드리면서 상담 좀 해드리라고 말씀하셨다.

"남편이 절 의심한 지 벌써 3년이에요. 그동안 피가 말랐어요. 자기 고등학교 친구네랑 전원주택을 지어 산 지 5년이 됐거든요. 그동안 서로 왕래하며 사이좋게 지냈는데, 느닷없이 자기가 읍내에 장 보러 간 몇 시간 사이에 저랑 친구랑 이상한 짓을 했다며 추궁하는 거예요. 사람 환장할 노릇이죠. 아무리 아니라고 해도 믿지를 않아요. 그 시간을 제 인생에서 지워버리고 싶어요. 이거 무슨 병인가요? 정말 죽겠습니다. 계속 인정만 하래요. 자기 말이 맞다고 인정하면 더 이상 문제 삼지 않겠다고 하는데, 거짓말이라도 해야 할까요? 진짜 거짓말을 하면 괴롭히지 않을까요?"

"안 됩니다. 절대 거짓으로라도 인정하시면 절대 안 됩니다."

"그래요?"

"그럼요. 그럼 왜 하필 그놈이냐면서 집요하게 물고 들어올 거예요. 그다음엔 몇 번이나 그랬냐고 물고 들어올 거고요. 진짜 지옥은 그때 시작되는 겁니다. 지금 이건 아직 간도 안 본 거예요."

"어쩜 그렇게 잘 아세요?"

"제가 이렇게 의심하는 부부만 몇백 쌍 넘게 상담했거든요."

"휴, 다행이에요. 며칠 동안 그냥 남편 말대로 했다고 할까 고민했거든요."

아내가 산사를 내려가자 그다음 날 어떻게 알아냈는지 남편이 차를 몰고 가파른 산길을 올라왔다. 하루 동안 산사에 머물면서 남편은 지옥 같은 심정을 털어놓았다.

"확실한 증거가 있는데 끝까지 아니라고 하니까 환장하겠습니다."

"아내만 그랬다고 인정하면 되겠네요."

"제 말이 그 말이에요. 세상이 다 아는데 왜 끝까지 아니라고 하는지."

차를 마시면서 남편은 그간 살아온 이야기를 늘어놓았다. 아니나 다를까 역시나 결핍의 역사를 가지고 있었다. 어릴 때 불화한 부모 아래에서 제대로 관심을 받지 못하고 자라온 남편은 결혼할 때도 이런 괜찮은 여자가 나같이 변변찮은 남자랑 결혼하는 게 실감이 나지 않았다고 했다.

배우자의 외도를 의심하는 사람들을 오랫동안 상담하다 보니 공통점을 발견할 수 있었다. 바로 자기 안에 자기가 없다는 것이었다. 자기 안에 자기가 있으면 굳이 남을 자기 안에 넣으려고 하지 않는다. 의심하고 추궁하는 모습은 신뢰의 문제 같지만, 한 걸음 더 들어가 보면 자신감의 문제다. 스스로 자신이 있으면 좀처럼 배우자를 의심하지 않는다. 나 같이 괜찮은 사람을 두고 어떻게 다른 사람을 만날 수 있겠는가 생각하기 때문이다. 이런 자신감은 나를 믿게 하고 배우자를 믿게 한다.

그러나 자신을 변변찮다고 생각하면 이야기가 달라진다. 주변을 둘러보면 나보다 괜찮은 이성이 수두룩하다. 배우자가 마음만 먹으면 얼마든 바람을 피울 수 있을 것 같다. 결국 아무 잘못 없는 배우자를 의심하게 되고 쥐잡듯 추궁하게 된다. 의처증과 의부증은 이렇게 발생한다.

의심은 결국 집착의 문제로 이어진다. 의심하는 사람의 눈에는 집착하는 대상만 보인다. 그래서 집착 대상에 모든 것을 걸게 되고, 집착 대상에게 버림받는 걸 마치 세상이 무너지는 것처럼 느낀다. 더 이상 잃을 게 없는 분노는 결국 잔인한 범죄로 이어진다.

이상 심리를 전문으로 다루는 정신과에서도 가장 경계하는 증상이 '관계망상'이라 불리는 의처증과 의부증이다. 정신과 전문의로 이런 환자들을 오래 치료해온 우리 선생님께 이런 배우자를 어떻게 고칠 수 있는지 물어본 적이 있다. 선생님은 딱 한 마디로 답했다.

"헤어져야지."

그만큼 고치기가 힘들다는 이야기였다. 의심하는 사람은 배우자를 전부라 생각하기 때문에 절대 이혼도 하지 않으려고 한다. 의심하는 배우자와 사는 사람의 하루하루는 지옥이다. 그럼 어떻게 해야 하는 걸까. 선생님께 다시 여쭤보았다.

"선생님, 그럼 어쩔 수 없이 의심받으면서 살아야 하는 사람은 어떻게 하면 좋을까요?"

"딱 한 가지 방법밖에 없다."

"그게 뭔가요?"

"칼을 목에 대고 '너 바람피웠지?'라고 추궁한다고 해보자. 그럴 때 뭐라고 이야기해야 되겠나?"

"바람피우지 않았다고 해야 하지 않을까요?"

"틀렸다."

"그럼 피웠다고 해야 하나요?"

"그것도 틀렸다."

"그럼 뭐라고 합니까?"

"당신이 믿을지 모르겠지만, 나한테는 당신밖에 없어. 이렇게 말해야 된다."

기가 막힐 노릇이지만 맞는 말이었다. 바람피우지 않았다는 이야기로는 결핍을 메울 수 없다. 이럴 땐 당신밖에 없다는 말로 허기를 조금이라도 채워줘야 의심이 그나마 조금 덜해진다. 결국 모든 집착은 결핍의 자식이다. 결핍이 없으면 집착도 없다.

    행복한 사람은 남을 괴롭히지 않는다. 자기 안에 자기가 이미 가득 차 있기 때문에 굳이 남의 행복을 빼앗아 넣을 필요가 없다. 여러분은 어떠한가? 혹시 누군가에게 집착하고 괴롭히지는 않는가? 만약 그렇다면 내 결핍이 무엇인지 차분히 들여다볼 필요가 있다. 그 결핍을 다른 사람이 아닌 나로 채워보자. 어른은 나를 나로 가득 채우는 그런 사람이다.

반복하지
않을
용기

○ 반성

미국의 역사학자였던 조지 산타야나George Santayana는 이렇게 말했다.

"과거를 모르면 과거를 되풀이하게 된다."

사람의 마음을 어루만지는 상담을 업으로 삼는 나로서는 이 말만큼 상담의 본질을 잘 이야기해주는 말이 없다는 생각을 하곤 한다. 사람의 마음은 수시로 변하는 변덕쟁이지만, 그가 하는 행동은 늘 비슷한 패턴을 보이는 반복쟁이다. 그 사람이 앞으로 어떤 행동을 할 것인지 알고 싶다면 과거에 어떻게 살아왔는지를 보면 된다.

최근 나는 가슴이 답답했다. 내가 싫어하는 일 가운데 하나가 어제 한 소리를 오늘 또 하는 것인데, 최근 여러 강의에서 이전에 했던 말을 반복해서 하고 있다는 느낌을 받았기 때문이다. 강의하고 글을 쓰는 나는 매일 새롭게 나아가지 않으면 안 되는 숙명을 안고 있다. 그런데 논리와 이치가 반복되니 스스로 정체되었다는 느낌을 지울 수 없었다.

그런데 모두가 이런 건 또 아닌 것 같다. 몇 년 동안 토씨까지 똑같은 말을 하면서도 잘 사는 사람을 어렵지 않게 볼 수 있다. 솔직히 어떻게 사람이 매번 다른 소리를 하고, 다르게 글을 쓸 수 있는가. 쉽지 않은 일이다. 조금이라도 더 나은 소리를 하고, 더 울림 있는 글을 쓰기 위해 노력과 시간을 투자할 뿐이다. 다른 소리와 글이 나올 때까지는 같거나 비슷한 이야기를 반복할 수밖에 없다. 사람은 자신이 경험한 세계를 넘어서기 어렵기 때문이다. 당장 가까이에서 나와 비슷한 전공을 공부하고 학생들을 가르치는 아내만 보아도 그렇다. 같은 과목을 강의할 때 이전 학기와 비슷하게 가르치면서도 딱히 문제를 느끼지 않는 것 같다.

모두가 그런 게 아니라면 답은 하나다. 내가 유별난 거다. 나는 내가 유별나다는 사실을 받아들이기로 했다. 그러자 마음이 편해졌다. 모두가 나 같다는 생각을 했을 땐 마음이 조급했는데, 내가 유별나다고 받아들이자 나를 잡는 건

나라는 생각이 들면서 마음이 느긋해졌다. 그리고 궁금해졌다. 나는 왜 이렇게 같은 이야기를 반복하는 걸 못 견디는 걸까. 이런 내 성향이 하루이틀 사이에 생긴 건 아닐 텐데……. 내 기억은 예닐곱 살 어린 시절로 거슬러 올라갔다.

커다란 포플러 나무 아래로 목을 젖히고 나를 쳐다보는 아이들이 올망졸망 서 있는 게 보인다. 나는 가지를 잡고 꼭대기를 향해 원숭이처럼 올라가고 있다. 나는 친구들에게 자랑하는 중이다. 내가 얼마나 높이 올라가는 사람인지를. 더 이상 올라갈 수 없게 되자 가지를 붙잡고 대롱대롱 매달려 있다. 나는 무섭지만 밑에서 탄성을 지르는 아이들의 반응이 좋아 무섭지 않은 척 계속 매달려 있다.

'나는 너희와 달라. 나는 탁월해.'

그런 마음이 나를 위험 속에서도 우쭐하게 만든다. 그 우쭐함을 느끼기 위해 어린 나는 틈만 나면 친구들의 만류에도 불구하고 나무 위로 오르곤 했다. 아무도 없을 때는 나무를 오른 적이 없다. 그러고 보면 나는 어려서부터 누군가의 환호를 갈구하곤 했다. 그 환호를 위해 남과 다르게 높이 오르고자 했다. 나는 어린 시절의 이런 나에게 '대롱이'라는 이름을 붙여주었다.

같음을 견디지 못하는 내 성향의 뿌리는 예닐곱 살 '대롱이'였다. 그 나무가 강의로 바뀌고, 친구들이 수강생으로 바뀌었을 뿐 구조는 조금도 바뀌지 않았다. 나는 강의로, 상담으로 그리고 책으로 나를 지켜보는 사람에게 나를 점점 높이 올림으로써 내가 탁월하다는 것을 증명하려 애써 왔다. 그렇게 산 지 50년이 넘었다.

내가 답답해하는 이유를 나의 뿌리에서 찾게 되자 비로소 마음이 안정되었다. 그래 이게 나였구나. 나를 이해하고 인정하게 되었다. 그런데 이런 태도를 가지고 사는 것은 여간 피곤한 일이 아니다. 나를 못살게 볶는 삶이기 때문이다. 잘못하면 가지가 뚝 부러져 죽을 수도 있다. 크게 다칠 수도 있다. 다행히 아직 다치거나 죽지 않은 것뿐이다.

오스트리아의 정신 분석학자 알프레드 아들러Alfred Adler는 일찍이 이런 어린 시절의 경험을 '생활양식lifestyle'이라 불렀다. 어린 시절에 형성된 삶의 방식이 세상을 바라보는 시선과 고유한 행동 방식에 영향을 미치며 전 생애에 걸쳐 유지된다는 것이다. 이는 세상이 객관적인 사실이 아니라 개개인의 주관에 따라 다르게 보이고 또 다르게 굴러감을 의미한다. 아들러의 개념을 나에게 적용하면 나의 생활양식은 탁월함을 추구하는 대롱이라 할 수 있다.

아들러는 이 생활양식을 바꿀 수 있다고 했다. 오랫동안 몸과 마음에 밴 과거의 결정이지만, 성찰을 통해 더 건강한 방향으로 인생의 방향을 잡아갈 수 있다고 했다. 나도 이젠 대롱이를 조금 수정하고 싶다. 너무 탁월하지 않아도 돼. 그래봤자 별로 차이가 나지도 않아. 그리고 주위를 둘러보렴. 수많은 포플러 나무가 있고 너처럼 매달린 대롱이들이 얼마나 많은지. 그러니 너무 애쓰지 말고, 가끔만 오르렴. 내 마음속 대롱이가 편안해하는 모습이 보인다. 이렇게 아는데 오랜 세월이 걸렸다.

매일 상담을 하면서 수많은 대롱이를 만난다. 나처럼 감정의 뿌리가 어딘지 몰라 괴로워하고 한숨 쉬는 대롱이들. 가만히 들여다보면 어린 시절 생활양식이 고스란히 아직 이어지고 있다. 산티야나의 말처럼 그 뿌리를 제대로 알지 못하면 언제까지고 반복하며 살 수밖에 없다.

어른이 된다는 것은 내 감정을 정확히 아는 것이다. 이 감정의 뿌리가 어디에 닿아 있는지 알고, 더 나은 방향으로 나아갈 수 있도록 노력하는 것이다. 모든 감정에는 역사가 있다. 그 역사를 제대로 주시하고 성찰하는 '반복하지 않는 어른'이 되자.

꼭
재미있어야
하나요

○ 자극

"저는 요즘 무미건조하게 살아요. 별 재미있는 일도 없고요."

"사는 게 꼭 재미있어야 하나요?"

"네?"

"사는 건 원래 재미있는 게 아니라 무미하고 재미없는 거 아닐까요?"

"그런가요?"

"사는 게 무조건 재미있어야 한다고 생각하니까 다들 힘들게 사는 거 같아요. 지하철을 타보면 거의 모든 사람이 잠시도 무료한 걸 견디지 못하더라고요. 죄 스마트폰으로 영상을 보고, 대화를 나누고, 자극적인 뉴스를 찾아 읽더라고요."

"그렇긴 하지요."

"맛집과 멋집에 열광하는 것도 다 그런 이유 같아요. 매일매일 뭔가 별난 일이 있어야 한다고. 재미있고 행복하지 않으면 사는 게 사는 것 같지 않다고. 우리가 언제부터 이렇게 됐을까요. 제 생각엔 한 30년 전부터 시작되었던 것 같아요. 그사이에 우리는 심심하고 지루한 걸 견디지 못하는 사람들이 되어버렸어요."

이제 막 서른이 된 젊은 친구와 카페에 앉아 근황 얘기를 나누다 무미건조한 일상에서 이야기가 멈추었다. 새벽에 일어나 운동을 하고, 가끔 책을 보고, 부모님과 커피를 마시고, 영어 회화를 배우고, 보육원 밥집 봉사를 하는 게 일상의 전부라 삶이 무미건조하다는 내 친구.

살면서 어른이란 몸으로 나이 든 사람이 아니라 마음속 지혜가 익은 사람이라는 사실을 알게 된 뒤, 나는 내 나이를 버렸다. 누구든 마음 나이가 같으면 친구가 될 수 있다는 생각으로 사람을 만난다. 그러다 보니 팔순 넘은 친구도 생기고, 서른 밖에 안 된 친구도 생겼다. 나는 만날 때마다 깊은 사색의 체로 거쳐낸 이야기를 툭툭 건네는 이 젊은이에게 매료되어 먼저 친구 하자고 제안했다. 젊은이는 뒷머리를 긁적이며 수락했고, 그 뒤로 가끔 카페에서 만나 인생 대화를 나누는 친구가 되었다.

"무미건조한 삶을 살아도 괜찮은가요?"

"괜찮다 말다요. 그게 삶인걸요. 저는 이렇게 생각해요. 심심해야 진짜 심심하지 않은 삶을 살게 된다고요."

"그게 무슨 말이죠?"

"섬에 사는 할머니와 서울 강남 부촌에 사는 할머니를 한번 상상해볼까요? 누가 더 심심할까요? 나는 강남 할머니라는 생각이 들어요. 바다에 무슨 재미있는 일이 있겠어요. 그날이 그날이죠. 파도는 쉼 없이 밀려왔다 밀려 나가고, 침엽수는 사시사철 같은 색으로 같은 자리에 서서 바람을 막아내고, 가파른 밭에는 매년 같은 작물이 자라고, 평생 보아온 얼마 안 되는 동네 사람들. 그게 전부잖아요. 그런데 텔레비전에서 보면 그분들 얼굴에 무료하고 지루한 티가 나요? 오히려 담담한 표정을 짓고 있어도 은근히 배어나는 즐거움이 느껴지지 않나요? 그건 늘 반복되는 일상이 있기에 작은 행사나 변화에도 재미를 느낄 수 있는 감각을 지녔기 때문입니다.

이에 비해 강남에 사는 할머니는 온갖 문화 행사를 따라다니고, 파티를 하고, 사람들과 만나 커피를 마시며 수다도 떠는데 쓸쓸하고 허전한 얼굴을 감출 수 없지요. 특히 혼자 있을 땐 정말 우울해합니다. 매 순간 재미있어야만 하는 일상이 조금이라도 재미없어지면 쓸쓸해지고 마는 거지요. 매일 축제인 인생은 있을 수 없어요. 그걸 쫓다 보면 바닷물을 마시며 갈증을 달래는 것처럼 점점 더 목이 말라질 뿐입니다. 재미를 찾을수록 진짜 재미가 멀어진다고 해야 하나.

　심심할 때 사람은 스스로 무엇인가를 만들어내는 존재입니다. 그래서 지루하고 심심한 환경에 놓이면 다른 사람을 따라 무엇을 하는 게 아니라 자기가 제일 좋아하고 즐거워하는 것을 찾아내 만들어나가지요. 오랜 세월 우리 인류가 그래 왔어요. 당장 저도 어릴 때 놀잇감이 조약돌밖에 없으니 그걸로 온갖 사물과 동물을 상상해서 만들며 놀았지요. 동생과 낄낄거리며 돌멩이로 하루 종일 놀았단 말이에요."

　"저도 아주 어렸을 때는 심심할 때 비슷하게 놀았던 것 같아요. 상상력으로 이것저것 만들면서요."

　"그러니까요. 원래 사는 건 심심한 거라니까요."

　친구의 얼굴이 한결 편안해 보였다.

나는 잠시 호흡을 고른 뒤 말을 이었다.

"어쩌다 아주 어쩌다 재미있는 일이 일어나는 거예요. 그러니까 지루한 삶은 지극히 정상입니다. 그 지루함을 이겨내기 위해 자신만의 생각, 자신만의 놀이, 자신만의 색깔을 스스로 만들어내세요. 그 생각과 놀이, 색깔이 자신을 남과 다르게 만들어주는 특별한 의미가 됩니다. 저는 이렇게 생각해요."

"어떻게요?"

"재미있을 때 의미가 생기는 게 아니라, 의미가 있을 때 재미가 생기는 거다."

"무슨 말씀하시는지 이제 알겠어요. 저도 오늘 제 무미건조하고 재미없는 일상이 나쁘지 않다는 걸 알게 되어 기분이 좋습니다."

"일부러 심심해지는 것도 좋습니다. 저는 휴대폰도 가끔 확인하고, 이동 중에는 일부러 보지 않아요. 멍하니 창밖을 보죠. 약속 장소에 가서도 기다리는 동안 아무것도 하지 않고 저를 지루하게 만들어요. 혹시 몰라 유튜브는 아예 검색어를 쳐야 볼 수 있게 설정해놓았죠. 그러면 머릿속이 서서히 가동하면서 생각이라는 걸 하죠. 나만의 독특한 생각과 개성은 그런 지루함이 준 선물이에요. 제가 지금까지 쓴 글도 모두 무미건조한 일상이 만들어준 특별한 선물입니다."

"이런 이야기를 책으로 써주시면 어떨까요?"

"좋습니다. 지루한 걸 잠시도 못 견디는 사람들을 위해 오늘 나눈 대화를 책으로 써서 나누도록 하겠습니다."

앞으로도 무미건조한 삶을 이어갈 친구를 배웅하고 집으로 돌아오는 길. 지하철에 빼곡하게 들어선 사람들이 모두 스마트폰을 쳐다보고 있었다. 아무것도 하지 않고 멍하니 서 있는 사람은 나를 포함해 몇 되지 않았다. 세상은 지금도 충분히 자극적인데, 도대체 얼마나 더 자극적이어야 만족할 수 있는 걸까. 깊은 생각에 잠긴 내 모습이 지하철 창문에 쓸쓸하게 비쳤다.

사는 게 꼭 재미있을 필요는 없다. 그래야 가끔 재미있는 게 더 재밌게 느껴진다. 중요한 건 자극이 아니라 의미다. 자극은 익숙해지게 마련이지만, 의미는 매일 새롭게 달라진다. 지금 오는 파도가 어제 왔던 그 파도일 리 없는 것처럼, 오늘의 시간은 분명 어제와 다르다. 같아 보이지만 같지 않은 일상에서 의미를 발견하는 그런 사람이 되어야 한다. 그런 어른이 되어야 한다.

IV

어른의 태도

처음부터
잘하는 사람은
없다

○ 과정

 2016년 리우 올림픽에서 우리나라 양궁팀은 금메달을 휩쓸었다. 그리고 다음 날 아침, 신문 1면에 대문짝만 하게 양궁 대표팀 감독이 한 말이 적혀 있었다.

 "우리보다 더 준비를 잘한 팀이 있으면 메달을 돌려드리겠다."

 그해 막 쉰 살이 된 나는 신문을 보는 순간 가슴이 떨렸다. 꼭 한번 살아보고 싶었던 삶의 자세가 딱 그 말 속에 들어있었기 때문이다. 그렇게 나는 어디서 무엇을 하든, 나보다 더 준비를 잘한 사람이 있으면 내가 얻은 성취를 돌려주겠다는 마음으로 살자고 스스로 약속했다.

그렇게 스스로 약속을 했지만 막막했다. 그렇다고 양궁을 배울 수는 없었던 나는 내가 어릴 때부터 책 읽기와 글쓰기를 좋아했다는 사실을 기억해냈다. '그래, 좋아 글을 써보자.' 그렇게 양궁 쏘는 마음으로 하는 글쓰기가 시작됐다. 2년 후 첫 책을 썼고, 지금까지 11권의 책을 냈다. 나보다 더 열심히 글을 쓴 사람이 있으면 책을 돌려드리겠다는 마음이 만들어낸 결과였다. 2024년에 쓴 책은 운이 좋아 〈올해의 책〉에 선정되기도 했다. 하지만 나는 10년 동안 한 번도 베스트셀러를 만들겠다 생각하고 글을 쓴 적이 없다. 글을 쓰면 내가 살아 숨 쉰다는 느낌이 좋아 쉬지 않고 글을 썼을 뿐이다. 돌이켜 보면 책이 나올 때보다 더 기뻤던 시간은 글을 쓰고 있는 시간이었다. 그래서 지난 10년이 후회가 없다.

올해 고등학교를 졸업한 아들은 친구들로부터 흥미로운 질문을 받았다. 고등학교 시절을 보내는 동안 후회되는 일이 없느냐는 질문이었다. 아들은 "없다."라고 답했다. 정말 하나도 없는지 의심하는 친구들에게 아들은 다시 한번 "없다."라고 말했다. 나는 아들에게 이 이야기를 듣고 그 이유가 무엇인지 물었다. 아들이 말했다.

"아빠, 나는 고등학교 다니면서 결과를 생각하고 뭘 한 적이 없어. 초등학교 때 '과정이 결과'라는 아빠 말을 믿고 정말 최선을 다해서 하루하루를 살았어. 놀 때도, 농구를 할 때도, 공부를 할 때도 최선을 다했어. 뭘 잘하고 못 하고를 떠나서 최선을 다하는 게 좋았어. 그래서 후회가 없는 거야."

내가 아들에게 과정이 결과라고 말한 때를 거슬러 올라가 보니 2016년 리우 올림픽이 열리던 무렵이었다. 당시 아들은 열 살이었다. 나는 아들에게 "결과는 나의 것이 아니야. 과정만 내 거야. 그래서 내가 할 수 있는 건 과정을 열심히 하는 것뿐이야."라는 말을 꽤 진지하게 몇 번 반복해서 들려주었다. 그건 사실 나에게 하고 싶은 말이기도 했다. 그 뒤 아들에게 한 말을 잊고 살았다. 그런데 아들은 그 말을 오래도록 잊지 않고 살았던 것이다.

지금은 고인이 된 가수 김광석 씨가 콘서트를 시작하면서 한 말을 언젠가 유튜브에서 들은 적이 있다. 간결히 요약하자면 이렇다.

"처음부터 이렇게 오래 노래를 하게 될 줄은 몰랐어요. 조치훈 명인이 그런 말을 하대요. 처음부터 명인이 된 건 아니었습니다. 한 돌 두 돌 놓다 보니 명인이 되어 있었다고요. 저도 한 곡 두 곡 부르다 보니 이렇게 천 회 기념 공연이 되었네요."

나는 바둑 명인이 사는 법이 김광석 씨가 사는 법과 다르지 않고, 두 사람이 사는 법이 나와 아들이 사는 법과 다르지 않다는 것을 알 수 있었다. 결과를 목표로 하지 않고 매 순간 과정을 결과로 생각하고 최선을 다해 사는 삶. 그것이 하루 이틀 쌓여 바둑 명인이 되고, 천 회 공연이 되고, 11권의 책이 되고, 후회 없는 고등학교 시절이 되는 삶. 그것은 시대와 공간만 다를 뿐 본질적으로 동일한 삶이다.

사람들이 인생을 대하는 태도를 가만 살펴보면 두 가지 시선이 있음을 알 수 있다. '결과로 인생의 성공과 실패를 판단하는 태도'와 '과정으로 인생의 성공 여부를 판단하는 태도'가 그것이다. 출세했다거나 성공했다고 말하는 사람들은 대개 결과로 인생을 판단한다. 이에 비해 애썼다거나 고생했다고 격려해주는 사람들은 과정으로 인생을 판단한다. 이 가운데 어른다운 태도를 하나 고르자면 당연히 과정 중심으로 인생을 바라보는 태도다.

세상의 자원은 제한되어 있다. 이런 세상에서 무제한

의 욕망을 가진 사람이 열심히 한다고 해서 성공하거나 출세한다는 보장은 없다. 도리어 실패할 가능성이 훨씬 크다. 이런 구조에서 성공과 출세를 기준으로 사람을 바라보면 주변에 좌절하고 분노한 사람들이 가득할 것이다. 하지만 과정을 기준으로 바라보면 누구나 후회 없는 삶을 살아가는 멋진 사람들로 가득할 것이다.

어른다운 어른은 결과를 무시하거나 가볍게 보지 않는다. 다만 그런 결과를 이루기 위해 애쓰는 마음과 과정을 훨씬 크게 여기고 대단하게 보아준다. 설령 바라던 목표를 이루지 못한다 해도 괜찮다고 생각한다. 카이스트에 '실패 연구소'가 있는 것처럼, 실패를 통해서 사람들은 소중한 무엇인가를 배우기 때문이다. 그리고 실패란 다른 사람의 기준으로 봤을 때 실패인 것이지, 열심히 최선을 다해 사는 사람에게는 그만큼의 성공을 한 것이나 다름없다.

세상의 기준에 맞춰 뛰어난 성취를 이룬 사람만큼이나 그러지 못한 사람도 칭찬하고 격려해주는 게 진짜 어른의 자세다. 나이에 걸맞은 어른이 되고 싶다면 결과보다는 과정을 소중히 볼 줄 아는 마음의 눈을 가져보자.

그저
좋아서
하다 보니

○ 목표

30대에 박사 과정을 밟을 때의 일이다. 학과장이던 교수님을 모시고 단과대학 학과장 모임에 간 적이 있다. 그때 인상 깊은 얘기를 많이 들었는데, 특히 어느 교수님께서 하신 말씀이 오랫동안 내가 살아가는 기준이 되었다.

"저는 한 번도 박사나 교수가 되어야겠다는 생각을 한 적이 없습니다. 이쪽 공부가 좋아서 하다 보니 어느 날 연구원이 되어 있고, 유학생이 되어 있고, 박사가 되어 있고, 교수가 되어 있더라고요. 지금도 이 공부를 하고 있을 뿐인데, 앞으로 무엇이 되어 있을지는 알지도 못하겠고 관심도 없습니다."

어릴 때부터 나는 무엇이 되어야겠다는 사람들 속에 둘러싸여 성장했다. 그러다 보니 당연히 무엇이 되어야겠다는 목표를 정하고, 그 길로 열심히 달려가는 게 이상적인 삶의 방식이라 생각했다. 그런 내게 교수님의 이야기는 정말 새롭게 들렸다. 교수님은 '무엇이 되겠다'는 삶의 방식이 아니라 '어떻게 살아야겠다'는 삶의 방식을 추구했던 분이었다.

그 후로 나는 어떻게 사느냐가 더 중요한 삶을 살려고 노력했다. 그러다 보니 이런 삶의 장점도 몇 개 발견할 수 있었다.

우선 목표가 없으니 목표에 대한 강박감이 없어 좋았다. 강박감이란 반드시 그래야 한다는 압박감이 계속해서 일상에 존재하여 마음을 늘 긴장 상태로 두는 감정을 말한다. 목표가 있으면 아무리 마음을 가볍게 먹어도 목표를 이루어야 한다는 강박감을 가질 수밖에 없다.

두 번째로 삶의 균형을 찾을 수 있었다. 목표가 있으면 인생의 많은 부분이 목표를 향해 흘러가게 된다. 목표와 관련이 없는 일에는 관심을 두지 않게 되는 것이다. 예를 들어 일을 하면 할수록 그만큼 쉬는 시간도 갖고, 한가하게 노는 시간도 가지면서 인생을 즐겨야 하는데 그러지 못하게 되는 것이다. 일만 하는 사람의 인생이 즐겁지 않은 이유는 삶의 균형이 무너졌기 때문이다.

세 번째로 사람들과의 관계가 좋아졌다. 내 목표와 다른 사람의 목표가 같을 수 없음은 당연한 일이다. 목표를 중요시하는 삶은 다른 목표를 가진 이와의 조화를 어렵게 만든다. 그 결과 관계가 소홀해지고 혼자 있는 시간이 많아져 먼저 지칠 수밖에 없다.

마지막으로 인생 자체가 가벼워졌다. 대개의 목표는 열심히 해야 겨우 달성할 수 있는 것들이다. 이렇게 스트레스 수준이 높은 일을 하다 보면 그 과정에서 괴로움이 상시 존재할 수밖에 없다. 목표가 없으면 자연스레 스트레스 수준도 현격히 낮아지게 된다. 가볍게 살면 하루하루가 가벼워 숨 쉬고 활동하기가 편해진다. 잔뜩 무게를 잡지 않아도 되니 발걸음도 경쾌하다.

그렇다고 이런 삶에 목표가 아예 없는 것은 아니다. 내게 지혜를 준 교수님 역시 그랬다. 교수님은 좋아하는 것을 열심히 하면서 사는 게 유일한 삶의 목표였다. 좋아하는 일에 몰입하는 것. 그리하여 성과가 나오면 잠시 기쁘지만, 성취감에 빠지지 않고 이를 촉매 삼아 다시 좋아하는 일에 몰입하는 것. 그것만이 그 교수님의 목표였다.

커다란 목표를 짊어지고 가는 삶은 무거울 수밖에 없지만, 이렇게 작은 목표를 향해 사는 삶은 가볍기 그지없다. 세상에 이름을 드러내자는 명예욕이나 사람들보다 우위에 서겠다는 권력욕은 끝없이 타인의 시선을 의식하게 만들지만, 스스로 만족을 목표로 삼는 삶은 타인의 평가와 질타로부터 자유롭다. 그리고 그런 삶을 우리는 '행복'이라 부른다.

해외여행을 할 때마다 닭과 관련한 여러 가지 물건을 구매해서 몇십 년 후 닭 박물관을 만든 교수님을 만난 적이 있다. 누구도 그에게 닭 관련 물건을 사라고 강요한 적이 없고, 그 역시 물건을 살 때 박물관을 만들 생각을 한 적이 없었다. 다만 닭이 가진 다양한 의미와 표현, 해석이 신기해 즐겁게 모아왔을 뿐이다. 이런 것들이 쌓이고 쌓여 어느 순간 박물관이 되니 그저 기분이 좋을 뿐이라고 했다. 나는 교수님의 삶 또한 '어떻게 사느냐'를 기준으로 두고 사는 삶이라는 생각이 들었다.

앞서 말한 두 교수님은 모두 세상의 기준에 일희일비하지 않았다. 내가 좋아하는 것이 공부냐 닭이냐로만 구별될 뿐, 내가 소중하게 여기는 가치를 더 많이, 더 깊이 현실화하는 데 애썼다는 점에서는 다를 바 없었다. 그 결과 깊은 자기 만족감은 물론 주변 사람들에게 존경받는 사람으로 기억될 수 있었다.

그렇다면 교수님을 만난 이후 '어떻게 사느냐'를 추구해온 내 인생은 어떻게 흘러왔을까. 어느 순간 돌아보니 나 역시 작가가 되어 있고, 교수도 되어 있었다. 상담가도 되어 있고, 방송인도 되어 있었다. 어느 하나 반드시 이뤄야겠다고 생각한 바 없는 것들이었다. 그저 삶의 이치가 궁금해 꾸준히 공부하고, 상담을 통해 사람들의 관계를 살펴보며, 조금이라도 나은 세상이 되었으면 하는 마음에 여기저기 알렸을 뿐이다. 그 결과 N잡러의 삶을 살게 된 것이다. N잡러로 살다 보니 '어떻게 사느냐'가 중심인 사람에게는 직업이 크게 의미가 없다는 사실도 깨닫게 되었다. 목표를 이루기 위한 다양한 방법이 있듯, 같은 일을 다양한 형태로 하는 것일 뿐이었다.

가능하다면 최대한 빨리 '목표 중심'의 삶을 '방법 중심'의 삶으로 바꾸라고 조언하고 싶다. 남들이 부러워하는 돈, 명예, 권력을 목표로 두고 있지는 않은지, 그 목표를 이루기 위해 끊임없이 자신을 채찍질하고 주변 사람을 괴롭히고 있지는 않은지 돌아보라 권하고 싶다. 나 역시 할 수만 있다면 30대가 아닌 20대로 돌아가 그렇게 할 것이다. 더 가볍고 유쾌한 어른으로 인생을 즐기기 위해 노력할 것이다. 무엇이 되느냐보다 중요한 것은 어떻게 사느냐다.

인생을
싱그럽게
사는 법

○ 배움

 남들과 똑같은 경험을 하고, 남들이 하는 소리를 앵무새처럼 다시 되풀이하고, 그러다 몸이 병들고 둔해지는 시시한 삶을 살고 싶은 사람은 없다. 하지만 마음과 달리 대부분은 시시한 삶을 매일 반복하며 살아간다. 그 이유가 무엇일까. 자기가 알고 싶은 주제가 무엇인지, 또 그것에 깊이 빠져들 수 있는 방법이 무엇인지 알지 못하기 때문이다.

 1982년부터 매년 네팔 의료봉사를 다니신 우리 선생님은 어느새 아흔을 넘기셨다. 선생님은 네팔을 오가며 점점 더 네팔의 자연과 사람들, 그리고 그들이 만든 문화에 대해 관심을 가지게 되었다. 더 깊이 제대로 알고 싶은 마음에 일흔 후반에는 사이버 대학의 문화학과에 입학해 늦깎이 대학생으로 공부했다. 그 뒤에는 네팔 문화 시리즈를 책으로 엮기 시작해 10여 권을 출간했다. 여든이 넘는 뒤에는 네팔을 다니며 수집한 우표들을 주제별로 묶어 여러 권의 책으로 내고, 세계우표전시회에서 상도 여러 번 받았다.

하나의 주제를 정하고 한 권의 책을 쓰려면, 그 주제에 대해 더 깊이 들어가 공부하는 시간이 필요하다. 선생님은 20여 년 동안 네팔 문화와 우표에 대한 책을 쓰면서 나이를 잊고 아이처럼 즐거운 시간을 보냈다. 그런 선생님의 모습을 곁에서 지켜보며 나는 어른이 된다는 게 무엇인지 깨달았다. 바로 스스로 공부할 거리를 찾아내고, 그 속에 흠뻑 빠지는 삶을 사는 것이다. 남들처럼 시시하게 살고 싶지 않다면 자기가 알고자 하는 주제에 흠뻑 빠져들고 일가견을 가지는 사람이 되어야 한다.

선생님이 쓴 책은 '모든 이야기가 사람의 삶으로 모인다'는 일정한 패턴을 가지고 있다. 정신과 의사로 살면서 사람의 삶을 들여다본 평생의 세월이 어떤 주제든 자연스레 사람으로 귀결되게 하는 길을 만들었을 것이다. 예를 들어 '꽃'을 주제로 한 책에서 선생님은 '사랑받기 위한 조건'을 이렇게 이야기했다.

식물들이 사랑받는 이유 중 하나는 아름다운 꽃을 갖고 있다는 것이다. 사람도 외모가 중요하다. 그러나 외모가 진정한 사랑을 받기 위한 충분조건은 될 수 없다. 꽃이나 사람이나 그 내면에 담겨 있는 것이 무엇이냐가 중요하다. 꽃은 그것을 알기에 속에 담는 이야기가 있다. 달콤한 꿀이다. 자신을 위해서가 아니라 자기를 찾아와 주는 벌과 나비에게 베풀어줄 수 있는 넉넉함이다. 세상을 살아가는 이치 중 행복한 삶을 위해서는 상생이 중요하다. 내가 사랑받기 위해서는 달콤한 내 마음을 주어야 한다.

나는 선생님의 책을 읽으며 어른이 되는 것이 얼마나 기쁜 일인지 알게 되었다. 어설프게 알았던 누가 뭐라 '카더라' 지식에서, 내가 파보니 '이렇더라'라는 진짜 지식을 발견하고 세상 사람들과 나누는 것은 어른들만 맛볼 수 있는 고소한 기쁨이었다.

나는 내가 진행하는 수업에서도 이 진짜 지식을 발견하는 기쁨을 누리기로 마음먹었다. 특히 〈다문화복지론〉을 강의했을 때가 기억에 남는다. '이해'라는 두 글자를 주제로 한 학기 동안 수업을 진행했는데, 탈북 여성을 특별강사로 초청해 북한 사람들의 가치와 문화에 대해 이해하는 시간을 가졌다. 아프리카가 가난한 이유와 다문화 가정의 특별한 어려움 등에 대해서도 서로의 경험을 나누며 열띠게 토론하는 시간을 가졌다. 그 결과 틀에 박힌 다문화복지 교재의 지식이 아니라, 다양한 문화와 그 속에서 살아가는 사람들의 이야기가 숨 쉬는 지식을 가질 수 있었다. 그 뒤 〈상담심리학〉을 강의하는 학기에는 '고통'을 주제로, 〈사회복지실천론〉을 강의하는 학기에는 '가난'을 주제로 몰입도 높은 수업을 진행했다. 결과는 놀라웠다. 깊은 우물 속으로 두레박을 타고 들어가는 희열이 교수와 수강생 모두로부터 퐁퐁 솟아났다.

원래 대학교에서 전공 공부를 한다는 건 하나의 주제를 깊이 들어가는 일이다. 대학원에서 세부 전공을 정하는 건 더 깊이 들어가는 일이고, 박사가 된다는 건 그보다 더 깊이 들어가는 사람이 되는 것이다. 그러니 결국 공부하는 어른이 된다는 것은, 제도권 학교가 아닌 인생이라는 학교에서 내가 알고 싶은 주제를 전공으로 하여 학사, 석사, 박사 과정을 스스로 취득해나가는 일이다.

앞서 말한 우리 선생님의 네팔 공부가 좋은 사례다. 네팔 의료봉사를 통해 관심을 가지면서 전공을 정하고, 사이버 대학에 다니면서 석사 과정을 밟고, 그 배움을 책으로 정리해 출간하면서 박사학위까지 받은 셈이다. 제도권 공부와 다른 점이 있다면 논문 지도교수가 없다는 정도일까. 하지만 그런 덕분에 더욱 자유로울 수 있고 즐거울 수 있는 게 인생 박사 과정이다. 공자님께서 "배우고 때때로 익히면 이 또한 즐겁지 아니한가學而時習之 不亦說乎."라고 말했던 공부의 즐거움은 절대 제도권 공부 과정에서는 느낄 수 없다. 오직 인생 공부 과정에서만 느낄 수 있다.

누구나 나이가 들면 어른이 된다. 그러나 꽃이라고 해서 모두 꿀을 품거나 향기를 풍기진 않는 것처럼, 나이를 먹었다고 해서 모두 지성을 가진 어른이 되지는 않는다. 사람은 평생 배워야 한다. 새로운 것을 배우며 즐거움을 느끼고, 그것을 내 인생에 적용해야 한다. 그래야만 삶이 싱그러워진다.

지금부터라도 내가 어떤 분야에 관심을 가지는지 생각해보자. 관련 지식을 모아놓은 책을 읽고, 전문가라 불리는 사람을 만나고, 일상으로 끌어들여 경험을 쌓자. 그렇게 앎의 깊이를 더하다 보면 분명 언젠간 주변 사람들이 존경해 마지않는 멋진 어른으로 거듭날 수 있을 것이다.

그냥
아저씨라고
불러주세요

○ 자유

오랫동안 학계에 몸담고 계시다 정년퇴임을 한 어느 교수님의 글을 읽은 적이 있다.

"나이 들고 보니 나를 선생님도, 사모님도 아닌 할머니로 불러주는 게 좋다. 선생님이라 부르면 무엇인가 아는 체를 해야 하고, 사모님이라 부르면 어딘가 품위 있게 행동해야 할 텐데 할머니라 부르면 마냥 편한 내가 된다."

이 구절에 깊이 공감한 나는 다음 날부터 외부 강의를 할 때 나를 '아저씨'라 소개하기 시작했다. 그렇게 소개를 하고 나니 정말 교수가 아니라 반바지 입고 동네 골목길을 어슬렁거리는 동네 아저씨가 된 기분이었다. 입에서도 아는 체하는 말이 아니라, 친근하고 편한 말이 나왔다. 정년퇴임을 한 교수님이 할머니라는 말에 마냥 편해졌듯이, 나도 아저씨라는 말에 스르르 어깨 힘이 빠지며 편안해졌다. 호칭이 주는 힘이 참 대단하다는 걸 느꼈다.

그러던 어느 날, 우리 선생님께 사모님이 비슷한 질문을 하셨다.

"아니, 왜 총장이며 장관이며 죄다 높은 자리에 있던 양반들이 현직에서 물러나면 이상하게 변하는 줄 모르겠네요. 당신은 정신과를 해봐서 알 것도 같은데. 왜 그렇게 있을 때랑 물러났을 때랑 차이가 나는 거예요?"

선생님께서 뭐라고 답하실지 나도 궁금했다.

"원래 물러나고 하는 행동이 그 사람의 진짜 얼굴이에요. 높은 자리에 있을 때는 세상에 보여주는 가면을 쓰고 있었던 거지. 그러다 가면을 쓸 필요가 없어지니까 진짜 자기 얼굴이 나타나는 거 아니겠어요?"

"안 그런 사람도 있잖아요."

"있기야 하죠. 농부나 어부들이 대표적인 사람이에요. 그 사람들은 평생 가면 쓸 일이 없잖아요. 그러니 젊어서나 나이 들어서나 늘 그 얼굴로 사는 거죠."

과연 그렇구나 싶었다. 어느 정도 사회적 지위가 올라가면 좋든 싫든 아랫사람들과 주변 사람들의 시선을 의식할 수밖에 없다. 그들이 기대하는 말과 행동을 해야 지위에 맞는 대접을 받기 때문이다. 그러다 보니 자기 충동이나 욕망은 최대한 감추고 점잖은 척, 괜찮은 척, 대범한 척하고 산다. 나 역시 그랬다. 누가 교수님이라 부를 때는 그에 맞게 행동하려 힘을 주고, 아저씨라 부를 때는 격 없이 편하게 대했다.

나는 이런 현상을 '남의 얼굴'로 사는 동안 나도 모르게 '나의 얼굴'을 잃어버리는 일이라 생각한다. 남의 얼굴로 사는 삶은 그럴듯하지만 인위적이고, 그 대가로 부와 명예를 가질 수 있지만 속까지 기쁜 삶은 아니다. 이에 비해 농부나 어부처럼 나의 얼굴로 사는 삶은 소박하지만 자연스러운 삶이고, 특별한 부와 명예는 없지만 마음 편하게 사는 기쁜 삶이다.

'나의 얼굴'로 살 때 좋은 점은 하고 싶은 건 하고, 하기 싫은 건 하지 않을 수 있다는 것이다. 누가 뭐라고 하지 않으니 남의 말에 연연할 일이 없다. 시골 고향에 사는 팔순이 넘은 사촌 형님은 자고 싶을 때 자고, 일 나가고 싶을 때 일 나가고, 술 마시고 싶을 때 술 마시고, 쉬고 싶을 때 쉬는 삶을 평생 하고 있다. 그래서 그런지 얼굴에 아무런 근심이 없다. 내가 10대 때 본 얼굴이나 지금 보는 얼굴이나 표정이 한결같이 편안하다. 반대로 출세하겠다고 고향을 떠난 동생들은 도시에서 다들 먹고살 만한데도, 명절에 한 번씩 얼굴을 보면 어딘지 모를 불안과 근심이 눈빛에 가득하다.

자기 지위에 맞는 가면을 쓰고 살아야 하는 도시 사람들도 시골에 사는 우리 형님처럼 편안한 얼굴로 살 수는 없을까. 나는 그 가능성을 자신을 할머니로 불러주는 게 좋다는 글에서 발견했다. 어쩔 수 없이 가면을 쓸 경우를 제외하고는 일상에서 아저씨, 아주머니, 할머니, 할아버지로 살아가는 것이다.

내가 나를 교수로 생각하지 않으면 누구도 나를 교수로 보지 않는다. 결국 내가 쓰고 있는 가면은 남이 씌운 가면인 것처럼 보여도 실은 내가 나에게 씌운 가면일 뿐이다. 그 가면은 다른 사람이 벗겨줄 수 없다. 스스로 벗어야 한다. 교수님 대신 아저씨, 아주머니로, 선생님 대신 할아버지, 할머니로 호칭을 편하게 하면 그에 맞는 편안함을 얻을 수 있다. 긴장된 표정 대신 편안한 표정으로, 근엄한 눈빛 대신 부드러운 눈빛으로 사람을 대할 수 있다.

소박한 옷차림과 말투로 사람들에게 친근하게 다가갔던 소설가 박완서 선생님도 나이가 들어 좋은 점을 이렇게 말씀하셨다.

> "나이가 드니 마음 놓고 고무줄 바지를 입을 수 있는 것처럼, 나 편한 대로 헐렁하게 살 수 있어서 좋고, 하고 싶지 않은 것을 안 할 수 있어서 좋다. 다시 젊어지고 싶지 않다. 하고 싶지 않은 것을 안 하고 싶다고 말할 수 있는 자유가 얼마나 좋은데 젊음과 바꾸겠는가."

아, 어른이 된다는 건 편해지는 것이구나. 하고 싶지 않은 걸 안 하고 싶다고 말할 수 있는 자유를 가지면 편안한 어른이 될 수 있겠구나. 그러려면 스스로 먼저 지위에서, 역할에서, 나이에서 내려와야겠구나. 그렇게 살다 홀가분하게 떠나는 것이 진짜 어른이구나. 그러고 보니 대하소설 『토지』를 집필한 박경리 선생님도 돌아가시기 몇 달 전에 이런 말씀을 남기셨다.

"다시 젊어지고 싶지 않다. 모진 세월 가고. 아아, 편안하다. 늙어서 이렇게 편안한 것을. 버리고 갈 것만 남아서 참 홀가분하다."

어릴 때는 아이로 살고, 젊어서는 젊은이로 살고, 나이 들면 아저씨로 살고, 더 나이 들면 할아버지로 사는 게 마음 편한 어른의 삶이다. 그렇게 살면 꽉 막힌 도시에 살아도 시골에 사는 것처럼 자유로울 수 있고, 다른 사람의 시선을 많이 받는 직업을 가져도 농부나 어부처럼 거짓된 표정을 짓지 않을 수 있다. 그래서 나는 오늘도 가면을 벗고 사람들에게 말한다.

"그냥 편하게 아저씨라고 불러주세요."

좋은 일은
내가 잘나서
생기지 않는다

○ 감사

"정식으로 일한 건 아니지만, 처음으로 돈을 벌어 보았어요. 그동안 날 위해 고생한 아빠한테 조금 드리고 싶어 준비했어요."

고등학교를 졸업하고 대학교에 입학하기 전까지 아들은 6주 동안 학원에 나가 보조교사 아르바이트를 했다. 태어나서 처음으로 자기 힘으로 돈을 벌어본 것이다. 그리고 월급을 받아온 날, 수줍은 표정으로 내게 빨간 봉투를 내밀었다. 봉투에는 20만 원과 손수 메시지를 적은 작은 카드가 들어있었다.

'첫 월급의 일부를 가장 사랑하는 우리 아버지께 드립

니다.'

마음이 울컥했다. 그 모습을 옆에서 보던 아내가 입을 열었다.

"아빠한테만 줘? 엄마는?"

아들이 기다렸다는 듯이 답했다.

"어쩐지 아빠한테 드린 용돈이 엄마에게 고스란히 갈 것 같더라고. 그래서 엄마 것도 따로 준비했지."

아들이 건넨 봉투를 받아든 아내의 눈가에 촉촉하게 눈물방울이 맺혔다. 배 아파 낳은 아들이 이제 돈을 벌 수 있을 정도로 컸다는 사실이 우리 부부에게는 큰 감동이었다.

대입 시험이 마무리되자 아들의 고등학교 선생님과 선배들은 이때가 기회라며 놀 수 있을 때 실컷 놀라고 조언했다. 그런데 아들은 흥청망청 놀기를 거부했다. 노는 것도 '나를 돕고 남을 돕자'라는 우리 집 가훈에 따르겠다며 동네 헬스장에 나가 몸을 만들고, 저녁에는 한강을 1시간씩 달리고, 미술 학원에 가서 데생을 배웠다. 그러고도 남는 시간에는 보조교사 아르바이트를 했다. 친구들과 어울려 낄낄거리는 일은 주말로만 한정했다. 아들은 이렇게 놀아야 나에게도 좋고 남들에게도 좋은 일이라며 부모를 안

심시켰다.

"소모적으로 노는 건 싫어. 노는 것도, 공부하는 것도 난 내가 더 마음에 드는 방식으로 하고 싶어."

나는 그런 아들이 마음에 들었다. 그리고 이제 아빠로서의 역할은 끝났다고 생각했다. 공부하고 노는 일의 기준을 스스로 건강하게 잡을 수 있다면 부모가 조언할 일이 무엇이 있겠나 싶었다. 저런 자세로 세상을 살아간다면 아무리 힘든 일이 닥쳐도 지혜롭게 헤쳐나갈 수 있을 것 같았다.

그날 저녁, 가족이 마주 앉은 자리에서 나는 아들에게 물었다.

"갖고 싶은 것도 많고, 놀고 싶은 것도 많을 텐데 월급의 일부를 어떻게 엄마 아빠한테 줄 생각을 했을까?"

아들이 웃으며 답했다.

"당연한 거 아니에요? 좋은 일이 있으면 누구 덕분인지 생각해야 한다고 아빠가 말했던 거 생각 안 나요?"

아하! 그동안 보내온 아들의 생일날이 떠올랐다. 아이가 말귀를 알아듣는 네 살 때부터 나는 아들의 생일날 아침마다 아이에게 물었다.

"승준아. 세상에서 누가 제일 중요해?"

"나!"

"그렇구나. 그럼 그런 나를 낳아준 사람은 누구야?"

"엄마!"

"그런 엄마가 어때?"

"고마워!"

"아, 그렇구나. 그런데 엄마만 너를 낳았어?"

"아니, 아빠도!"

"오, 그러네. 그럼 아빠는 어때?"

"고마워!"

"그렇구나. 그럼 고마운 엄마를 낳아주신 분은 누구일까?"

"제주도 할머니!"

"그럼, 우리 고마운 제주도 할머니에게 인사드릴까?"

"응!"

그런 대화 끝에 우리 가족 세 명은 제주도가 있는 남쪽을 향해 공손하게 절을 드렸다. 그러고는 전화기 앞으로 쪼르르 달려가 아침 일찍부터 전화를 드렸다.

"할머니, 엄마 낳아주셔서 고맙습니다."

"오늘이 승준이 생일이구나."

"네, 오늘 엄마가 저를 낳아주셨어요."

"아이고, 기특해라. 생일 축하해."

"고맙습니다."

그 뒤에는 대구 할머니가 계시는 동남쪽을 향해 똑같이 절을 하고 전화로 인사를 드렸다. 나와 아내가 절을 받는 건 그다음 차례였다. 아들은 자기를 낳아주셔서 고맙다며 우리 부부에게 넙죽 절을 올렸고, 우리는 그런 아들을 끌어안고 함께 생일 축하 노래를 불렀다.

"승준아, 세상에 온 걸 축하해! 오늘처럼 좋은 날은 고마운 사람이 누구인지 생각하는 날이야. 알았지?"

"응!"

우리는 매해 생일을 그렇게 보냈다. 그러다 보니 아들 머릿속에는 나에게 좋은 일이 생기면 고마운 사람이 누구인지 떠올리고 감사해야 한다는 생각이 각인된 듯했다.

우리는 살면서 좋은 일이 생기면 기뻐하고, 당연하게 여긴다. 또 이런 좋은 일은 내가 잘해서 생긴 일이라 여긴다. 하지만 잘 생각해보면 그렇지 않다. 내게 생기는 좋은 일은 나와 관련된 수많은 사람의 손길과 인연이 쌓여서 만들어진 것이다. 그러므로 좋은 일이 생겼을 땐 그 일이 생기게 도와준 고마운 사람들을 떠올리고 감사해야 한다. 그게 어른다운 모습이다.

나이가 몇 살이든 감사할 줄 모르는 사람은 어른이라 볼 수 없다. 좋은 일은 바깥에서 찾고, 안 좋은 일은 안에서 찾을 줄 알아야 어른이다. 성숙하지 못한 사람은 나쁜 일이 생겼을 때 주변을 탓한다. 세상이 나를 몰라줘서, 누군가 나를 시기하고 질투해서 성공하지 못하는 것이라 생각한다. 그렇게 부정적인 기운을 바깥으로 내뿜느라 내 안에 있는 무언가가 썩어가는 걸 눈치채지 못한다.

좋은 일은 선물이다. 내가 만든 게 아니라, 누군가 나에게 준 선물이다. 그 선물에 감사할 줄 아는 어른이 우리는 되어야 한다.

"나중에 제대로 일하기 시작하면 더 많이 드릴게요."

아들의 말에 아내와 나는 해바라기처럼 활짝 웃었다. 하하하, 약속을 꼭 지켜주렴. 그날은 아들이 훌쩍 어른이 된 날이었다. 그래서 우리 가족은 이제 셋 다 어른이 되었다. 기쁘고 감사한 날이다.

집에서는
사장 노릇 하지
마세요

○ 역할

상담소에서 일하며 만난 어떤 동료 선생님은 환갑을 훌쩍 넘긴 나이에도 유난히 애교가 많았다. 내가 스무 살이나 어린데도 마치 한두 살 많은 누나처럼 어리광을 부리곤 했다. 나는 그 모습이 낯설고 어색해 혹시 댁에서도 그러시느냐고 여쭤봤다. 그러자 갑자기 선생님의 안색이 어두워졌다. 물어보면 안 되는 질문을 했나 싶어 당황했다. 선생님이 잠시 자리를 비운 사이 다른 동료분이 다가와 말했다.

"놀라셨지요? 선생님께서 저러시는 데는 다 이유가 있답니다."

동료분이 들려준 전후 사정은 이러했다. 선생님은 자기보다 열 살 이상 많은 남편을 모시고 평생을 살아왔다. 남편은 초등학교 교장 선생님까지 하시고 은퇴를 한 분이었다. 그런데 남편은 학교에서만 선생님 노릇을 한 게 아니었다. 집에 온 뒤에도 아내에게 이런저런 심부름을 시키며 마치 초등학생을 다루듯 했다. 물심부름을 시켜서 떠다 주면 "옳지 잘했어요." 칭찬하고, 말을 듣지 않으면 버럭 화를 내며 아이를 혼내듯 꾸짖었다. 남편과 그런 생활을 40년 이상 하다 보니 선생님은 자신도 모르게 자꾸 아이처럼 어리광을 부리게 되었다는 것이다.

　문제는 선생님이 그런 자신의 모습을 마음에 들어 하지 않는다는 것이었다. 남편의 행동에 자신이 아내인지 초등학생인지 구분되지 않아 점점 우울해졌고, 급기야 바깥에 나와서도 사람들에게 친절해야 한다는 강박에 시달리게 됐다. 특히 나처럼 외부에서 오는 강사나 상담을 받으러 온 분들에게 남편에게 하듯 어리광을 부리고 유난히 더 밝은 척을 한다고 했다. 동료분의 설명을 듣고 나니 선생님의 애교가 밝음이 아니라 어두움을 가리기 위한 가면이라는 사실을 알 수 있었다.

사람은 상황에 따라 역할을 다르게 바꿀 수 있을 것 같지만, 실제로는 그렇지 않다. 역할 습관이라는 게 있기 때문이다. 행동도 습관이 되지만, 역할 역시 단단한 습관이 될 수 있다. 한 번은 제주도에 강의를 하러 갔다가 택시를 탔다. 행선지를 말하고 잠시 쉬는데 기사님이 룸미러로 나를 보며 말했다.

"학생들 가르치는 선생님이시죠?"

"아니, 그걸 어떻게 아세요? 아무 말씀도 안 드렸는데요."

"제가 택시만 30년인데 그걸 모르겠어요. 직업마다 말투가 달라요."

신기했다. 말 한마디에 정확히 내가 무슨 일하는 사람인지 알아보다니. 그런데 곰곰 생각해보니 그럴 수도 있겠다는 생각이 들었다. 또박또박 천천히 가르치듯 하는 말투나, 친절하게 설명하는 억양이 누가 봐도 가르치는 사람이 아니었을까 싶었다. 강의실 밖에서는 수다분한 아저씨처럼 보이고 싶어 했던 나는 정체를 단박에 들킨 것 같아 헛웃음이 났다. 다 티가 나는구나. 평소 습관은 숨길 수가 없구나.

힘들다고 하소연하는 부부 가운데는 온종일 같이 붙어 일하는 경우가 많다. 부부가 함께 일하면 서로 편하고 좋을 것 같지만, 막상 겪어보면 그렇지 않다는 것이다. 서로를 불편하게 만드는 첫 번째 원인은 '간섭'이다. 배우자가 하는 일을 가만히 믿고 지켜봐 주면 좋은데 그러질 못하는 거다. 물건을 왜 그런 식으로 다루느냐, 손님에게 너무 다정하게 대하는 거 아니냐, 자꾸 간섭하고 참견하는 통에 부부 사이는 점점 악화된다.

지금껏 만나본 부부 중에서 가장 갈등의 골이 깊었던 사례는 같이 작은 사업을 꾸리는 이들이었다. 집에서는 남편과 아내인데, 회사에서는 대표와 직원으로 역할이 바뀌는 경우가 많았다. 집에서는 동등한 위치에 있다가 회사에만 나오면 위아래가 생기는 것이다.

예를 들어 남편이 회사 대표인데, 직원으로 있는 아내가 집에서의 습관을 버리지 못하고 다른 직원들 앞에서 잔소리를 하는 경우가 있었다. 왜 그런 투자를 하느냐, 왜 도움이 되지도 않는 사람을 만나느냐, 시시콜콜 문제를 삼는 통에 남편은 회사를 운영하기가 어려울 정도였다. 반대로 회사에서의 지위를 집에서 이어 나가는 경우도 있었다. 남편이 회사에서 하듯 가르치고 지시하는 통에 아내가 참다못해 분노를 터뜨린 것이다. 집에서는 사장 노릇 하지 말라는 말에 남편은 고개를 끄덕이면서도 오랫동안 몸에 밴 습관을 버리지 못해 구박을 들어야 했다.

사람은 본능적으로 다른 사람을 내 마음대로 하고 싶어 한다. 회사에서 윗사람이 되면 집에서도 윗사람처럼 굴려고 하고, 똑같은 논리로 집에서 관계를 지배했다면 회사에서도 그 우위를 유지하려고 한다. 그래서 가까운 가족끼리는, 특히 부부끼리는 아무리 돈을 많이 벌어도 서로 안 보면서 일하는 게 가정을 위해 좋은 일이라고들 한다. 그만큼 역할 습관으로부터 자유롭기 힘들다는 얘기다.

어른은 이런 문제에 유연하게 대처하는 사람이다. 역할 습관의 중요성을 알기에 공간에 따른 역할을 늘 분리해서 생각하고 행동하려고 노력한다. 집으로 돌아올 때는 바깥 역할이라는 외투를 벗어 현관 앞에 걸어두고 들어오고, 반대로 회사에 갈 때는 그 외투를 다시 집어 든다. 외부에서 얻은 권위는 가정에서 전혀 쓸모가 없음을 잘 알기 때문이다.

이때 "나는 이제부터 집으로 들어간다."라고 혼잣말을 하는 것도 좋은 방법이다. "집!" 이렇게 간단히 줄여서 불러도 좋다. 물론 반대의 경우도 마찬가지다. "나는 이제부터 회사로 출근한다." 또는 "회사!"라고 말하는 것이다. 바깥과 안의 경계를 분명히 구분할 수 있는 주문이 있다면 무엇이든 상관없다. 좋지 않은 습관은 없애려 애쓸 게 아니라 좋은 습관으로 변화시키는 게 현명하다.

'위아래로 구분되는 회사의 논리'와 '평등하게 함께하는 집의 논리'는 엄연히 다르다. 그 사실을 인지하고 공간에 맞게 빨리 전환하는 것만이 부부를 살리는 길이다. 집에서는 상사가 없다. 무엇이든 함께 나누는 동등한 동료만 있을 뿐이다.

우리가
탓할 나이는
아니잖아요

○ 책임

"당뇨는 암처럼 가족력이 중요하다고 하더라고요. 우리 가족도 아버지랑 형님이 당뇨로 고생하셨어요."

"유전이 참 무서워요. 교수님도 건강 조심하세요."

여러 부부가 모여 얘기를 나누다 건강으로 화제가 옮겨 갔다. 내가 앓고 있는 당뇨 이야기를 꺼내자 많은 이가 공감과 걱정을 표해주었다. 그 따스한 마음에 나는 기분이 좋았다. 그렇게 식사를 마치고 나오는데 한 분이 내 어깨에 슬쩍 손을 얹으며 말했다.

"선생님이나 저나 유전 탓할 나이는 아니잖아요. 아직은 우리가 충분히 관리할 수 있는 나이예요."

다정하면서도 점잖은 목소리였다. 얼굴이 화끈거렸다. 그렇구나. 내가 관리를 제대로 하지 않아서 생긴 당뇨를 유전 탓으로 돌리고 있었구나. 당뇨에 유전이 큰 영향을 끼치는 건 분명하다. 그러나 어른이라면 이런 상황에서 어떻게 대처할 것인가를 고민해야지, 유전인데 어떻게 하냐며 탓만 해서는 안 된다.

그날 이후 나는 당뇨에 대해 얘기할 때 유전을 언급하지 않게 되었다. 대신 내가 어떻게 관리하는지에 대해 공유하고 조언을 들었다. 이는 당뇨를 잘 관리하게 되는 결정적 계기가 되었다. 당뇨약을 처방해주는 의사 선생님은 병원에서 만날 때마다 이렇게 얘기한다.

"당뇨는 평생 관리하는 병인 거 아시죠?"

그렇다. 관리는 유전이 아니라 내가 해야 하는 일이다. 따지고 보면 당뇨만 그런 것은 아니다. 살아가며 생기는 크고 작은 어려움과 불행은 모두 유전이나 세상 탓이 아니라 내가 관리해야 하는 일이다.

얼마 전, 집단 상담에서 시댁에 제사 준비를 하러 갔다가 골절상을 입은 어느 어머님의 얘기를 들었다. 화장실 바닥 물기에 미끄러져 몇 달 동안 고생을 했다는 것이다. 그날 이후 그녀에게는 물기 있는 화장실에 대한 트라우마가 생겼다. 트라우마가 어찌나 심했는지 집 화장실 바닥이 뽀송뽀송할 정도였다.

문제는 공중화장실이었다. 사람이 많이 오가는 공중화장실은 물청소를 자주 해서 물기가 조금씩 남아 있는 경우가 많았다. 그때마다 그녀는 화를 냈다.

"사람들이 말이야. 물걸레로 닦았으면 오가는 사람이 넘어지지 않게 제대로 마르게 해야지. 이게 뭐야? 이러니까 나라가 발전을 못 하는 거야. 나처럼 다칠 수도 있는 경우를 생각해야지."

때로는 청소하시는 분과 한바탕 싸우기도 했다. 그런데 한 번도 그녀에게 사과하는 사람을 만난 적이 없었다. 오히려 그녀를 별난 사람 취급하고 무시했다. 그녀는 그게 참 억울했다. 화가 나서 잠을 설칠 정도였다.

그녀의 말을 듣고 있자니 문득 내 어깨에 손을 얹었던 분의 말이 생각났다. 나는 나지막한 소리로 얘기했다.

"어머님이나 저나 이제 물기 탓할 나이는 아니잖아요. 우리가 물기 조심해서 걸어야 하는 나이가 됐잖아요."

잠시 침묵이 흘렀다. 하하, 그러네요. 그녀가 큰 소리로 웃었다.

"지금까지 물기 원망만 하고 살았네요. 저 넘어지라고 물청소하는 게 아닌데, 그것만 탓하고 살았네요."

함께 참여했던 분들이 이구동성으로 나도 그런 거 있어, 하며 남 탓, 세상 탓했던 이야기를 꺼내놓았다. 요즘 며느리들은 버릇없다고 하시던 한 어르신은 "내가 그런 며느리 관리를 잘해야 할 나이인데 그러지 못하는 거네." 하고 말해 모두를 웃게 만들었다.

정신이 어린 사람은 자신에게 일어나는 안 좋은 일을 죄 남 탓으로 돌린다. 남 탓은 어렸을 때 어른들에게 배운 게 크다. '때찌'는 남 탓을 최초로 배우는 말이다. 아이였던 내가 조심하지 않아 문턱에 걸려 넘었는데 할머니는 "아이고, 이 문턱이 우리 귀한 손주를 넘어지게 했어? 문턱 때찌! 때찌!" 하며 문턱을 나무랐다. 그 덕에 나는 울음을 그쳤다. 내가 잘못한 게 아니구나. 문제는 문턱이구나. 그렇게 시작된 안 좋은 일 남 탓하기 버릇은 평생 내 뒤를 쫓았다.

옛날이야기 가운데 소를 훔친 도둑 이야기가 있다. 왜 남의 소를 훔쳤느냐고 하자 도둑이 말했다.

"저는 소를 훔친 적이 없어요. 길에 떨어진 끈을 주워서 오는데 그 끝에 소가 따라온 것뿐이에요."

남을 탓하는 습관은 결국 소도둑을 만든다. 할머니 입장에서는 때찌가 귀여운 손주 우는 게 싫어 달래기 위한 방편이었겠지만, 나는 나이가 먹어도 남을 탓하고 유전을 탓하는 어린아이로 자라게 되었다. 다행히 어른을 만나 깨달음을 얻고 습관을 고칠 수 있었지만, 남 탓하기 쉬운 세상에서 이런 귀인을 만나기란 쉬운 일이 아니다.

살다 보면 불행은 느닷없이 생긴다. 아무리 생각해도 왜 지금 이런 불행이 생겼는지 알 턱이 없다. 불행은 그냥 다가온다. 그래서 미리 알고 막는 건 불가능에 가깝다. 중요한 건 불행이 찾아왔을 때 어떻게 대응할 것인가다. 남 탓, 세상 탓하면서 때찌할 것인가? 당장은 마음은 편해질 수 있겠지만, 결국 그 원망은 돌고 돌아 나를 향하게 된다.

불행이 생기는 건 어쩔 수 없지만, 그 불행이 최악의 상황으로 치닫지 않게 관리는 할 수 있다. 내가 상황의 주인공이 되어 불행을 그치게 할 수 있고, 행복으로 이어지게 할 수 있다. 남 탓, 세상 탓만 하지 않으면 된다. 불행에 빠졌을 때 그것이 어른인 우리가 가장 먼저 해야 할 일이다.

"우리가 탓할 나이는 아니잖아요."

이 말은 우리를 멋진 어른으로 거듭나게 해준다. 내 나이에 책임을 지는 사람, 그런 사람이 건강한 어른이다.

V

어른의 용기

우리
그냥
갑시다

○ 지속

지금은 세상을 떠난 신해철 씨는 가수였지만 철학자이기도 했다. 그의 사유는 깊고 말은 명쾌했다. 30대 초반 라디오 방송 진행을 맡던 그에게 어느 젊은이가 고민을 보내왔다. 취직도 안 되고, 사는 게 너무 힘든데 무슨 좋은 방법이 없겠느냐는 사연이었다. 이 고민에 대해 신해철 씨는 명쾌하게 답했다.

"살다 보면 네모라는 큰 문제가 닥쳐요. 그 문제만 없으면 살 것 같죠. 그런데 네모란 문제가 없어지면요. 조그맣던 세모란 문제가 더 크게 다가와요. 이번에 세모를 없애죠. 그러면 동그란 문제가 다시 닥칩니다. 인생이 그런 거더라고요. 문제없이 사는 삶은 없어요. 그러니까 고통 없는 삶을 바라지 말고, 고통 속에서 웃는 삶을 바라자고요. 진흙 속에서도 뒹굴거리면서 낄낄거리고, 가시덤불 속에서도 웃을 수 있는 그런 삶 말이죠. 우리 그냥 갑시다."

신해철 씨의 이야기를 듣고 나는 속이 뻥 뚫렸다. 막혀 있던 인생에 고속도로가 시원스레 뚫리는 느낌이었다. 그의 말대로 인생, 그냥 가는 거지 뭐. 좋을 때가 어디 있어. 그때그때 네모와 세모 그리고 동그라미가 번갈아 가면서 굴러오고 그걸 피하면서 사는 거지.

나는 10년 동안 대학에서 학생들을 가르쳤다. 그땐 교수 일만 그만두면 스트레스 끝, 행복 시작이라고 믿었다. 그런 믿음이 있었기에 10년 가운데 5년을 남몰래 나갈 준비를 하며 총장의 간섭과 이런저런 압박을 버티고 견뎠다. 그러나 나는 몰랐다. 교수로서 받는 스트레스보다 훨씬 더 큰 스트레스가 바깥에 기다리고 있다는 것을.

먼저 자영업 하시는 분들이 겪는 스트레스가 나를 찾아왔다. 내가 움직이지 않으면 돈 십 원 한 푼이 생기지 않는 냉혹한 현실. no work, no money의 세계가 사람을 얼마나 피 말리게 만드는지 대학에 적을 두고 있던 나로서는 알 길이 없었다. 당연하게 여겼던 비빌 언덕이 사라지자, 스스로 비빌 언덕을 만드는 일이 얼마나 힘든 일인지 깨달았다.

언젠가 대학 선배가 저녁을 사며 물었다.

"서원아, 먹고는 사냐?"

"네……. 그럭저럭요."

"그거 대단한 거다. 대한민국에서 네 나이에 특별한 직장 없이 먹고사는 거 이거 진짜 대단한 거야. 너 참 용하다."

선배의 말에 눈물이 핑 돌았다. 사실 그때나 지금이나 하루하루 먹고사는 걱정 없는 날이 없기 때문이다.

직업 없는 사람의 어두운 그림자가 '경제적 걱정'이라면, 밝은 빛은 '무엇이든 할 수 있고 반대로 어떤 것도 하지 않을 수 있는 완전한 자유'였다. 그 빛은 영롱하고 눈부셨다. 만약 대학에 계속 있었더라면 나는 지금까지 책을 단 한 권도 쓰지 못했을 것이라 확신한다. 무엇보다도 틀에 갇힌 연구실 생활에 경험이 한정되어 책을 쓸 글감이 없었을 것이다. 그리고 늘 비슷한 생각을 하기에 글을 써도 누구나 할 수 있는 따분한 소리, 공자 같은 소리만 늘어놓고 있었을 것이다.

그러나 어디든 갈 수 있고, 무엇이든 할 수 있으며, 누구든 만나는 삶을 살다 보니 수많은 삶의 에피소드와 글감이 매일같이 생겼다. 마치 작은 웅덩이에서 붕어만 평생 잡던 낚시꾼이 넓은 바다로 나와 작은 멸치부터 거대한 고래까지 수천수만 마리의 고기를 만나는 큰 어부가 된 듯했다. 이런 자유는 돈에 대한 고민을 훌쩍 뛰어넘는 벅찬 기쁨으로 내게 다가왔다.

나는 자유롭게 모임에 참석하고, 만나고 싶은 사람만 만나며, 내가 하고 싶은 일만 했다. 돈이 되면 좋았겠지만, 돈이 되지 않아도 신났다. 더 이상 대학교수가 아닌 나를 찾는 사람들이 있다는 사실이 참으로 고마웠다. 돈에 대한 걱정도 조금씩 해결되었다. 사람들을 많이 만나다 보니 기회가 쌓이고 쌓여 적은 금액으로나마 강의가 들어오기 시작한 것이다. 이런 삶은 교수 생활을 벗어난 덕분에 경험하고 얻을 수 있는 '축제 같은 인생'이었다. 『숙제 같은 인생을, 축제 같은 인생으로』라는 책은 이런 경험을 뒷받침 삼아 펴낸 책이고, 『오십, 나는 재미있게 살기로 했다』 역시 이런 맥락에서 나온 책이다.

내가 어릴 때 어머니는 종종 이런 말을 했다.

"물 좋고 바람 좋은 정자는 없데이."

지금은 내 인생에 가장 큰 위로를 주는 말이다. 돈이 안정되게 들어오면 자유가 없다. 반대로 자유로우면 돈이 부족해진다. 당연한 이치다. 돈이 더 중요하면 직장을 가지고 버티고 견디며 살면 된다. 자유가 더 중요하면 자유롭게 사는 삶을 낙으로 알고 살면 된다. 두 가지를 한꺼번에 다 가지려고 하는 것은 욕심이다.

독신으로 혼자 살면 자유롭지만 불안정하다. 결혼해서 아이 낳고 살면 안정적이지만 삶의 여러 굴레에 묶여 자유롭지 못하다. 늦게 들어가기도 어렵고, 주말에 혼자 어딜 떠나기도 어렵다. 외박은 꿈도 못 꾼다. 그렇지만 가정이 주는 안락함과 가족 관계에서 오는 사랑을 만끽할 수 있다. 자유가 좋으면 혼자 살고, 안정이 좋으면 같이 살면 된다. 여기서도 욕심을 부리면 반드시 탈이 난다. 결혼했는데 자유를 찾아 자꾸 떠나면 별거와 이혼이 기다리게 된다. 결혼했으면 한 보따리만 보고 가야지, 두 보따리를 다 가지려고 하면 안 된다.

그래서 삶은 공평하다. 한 사람에게 모든 것을 허락하지 않기 때문이다. 어른이 된다는 것은 이런 공평한 삶을 당연하게 여기고, 신해철 씨 말처럼 '그냥' 가는 거다. 네모를 만났을 때도 낄낄거리며 사는 방법을 스스로 찾아내고, 세모나 동그라미를 만났을 때도 즐겁게 웃으며 지내는 법을 찾아내 살아가는 사람이 진짜 어른이다.

삶은 원리를 아는 사람에게 인생은 놀이터지만, 모르는 사람에게는 지옥이다. 커다란 놀이터에서 마음껏 뛰어놀던 신해철 씨를 지금 다시 볼 수 없다는 게 팬으로서 너무 속상하다. 그러나 신해철 씨의 철학은 아직 내 가슴에 남아 있으니 '그냥' 만족하련다. 그냥 갑시다. 신해철 씨 말이 다시 귀에 맴돈다. 그는 일찍 이미 좋은 어른이었다.

어머님,
'까지만' 병에
걸리셨습니다

○ 사랑

얼마 전 어느 구청의 라디오 생방송에 초대받았다. '돌봄'을 주제로 구청 주민들의 힘든 사연을 듣고 즉문즉답 상담을 해주는 방송이었다. 80대 할머니가 아들을 돌보느라 힘든 사연을 방송에 보내왔다.

안녕하세요. 저는 80대 여성입니다. 이렇게 낯선 곳에 제 이야기를 꺼내는 게 조심스럽습니다만, 어디에도 말할 수 없어 답답한 마음을 조금이나마 털어놓고 싶어 이렇게 사연을 보냅니다.
저는 치매와 뇌졸중으로 쓰러진 남편을 10년 동안 곁에서 간병했습니다. 그 시간을 지나며 어느덧 저도 나이가 많이 들었고, 지금은 기초생활보장 수급자로 어렵게 살고 있습니다.

제게는 하나뿐인 아들이 있습니다. 전에는 전기기술자로 일했지만, 지금은 일도 하지 않고 집에서 지냅니다. 몇 년 전 이혼하고 저와 함께 살고 있는데, 안타깝게도 수입이 전혀 없습니다. 오히려 제가 받는 수급비로 함께 생활하고 있고, 지금까지 아들이 가져다 쓴 돈만 해도 이천만 원이 넘습니다. 그 돈은 제가 평생 모아온 돈이지요.

집안일은 물론 식사도 제가 챙기고 있지만, 아들과는 말도 거의 섞지 않고 삽니다. 아들은 하루 종일 누워 있다가 저녁이면 친구들과 당구를 치고 술을 마시고, 새벽이 되어서야 들어옵니다. 요즘은 아들이 '엄마'라고 부르는 소리만 들어도 괜히 돈 달라는 말이 나올까 봐 심장이 쿵 내려앉습니다. 저는 아들이 저한테 돈 벌어다 주길 바라지도, 부자가 되기를 바라지도 않습니다. 그냥 본인 밥벌이 하고, 최소한 제게 부담을 주지 않고 살아준다면 더 바랄 게 없어요.

벌써 아들은 예순한 살이 되었습니다. 하지만 부모에게는 여전히 어린 자식인지라 때로는 아들 때문에 속이 상하고, 밤잠도 제대로 이루지 못하는 날이 많습니다. 마음이 너무 아프고, 걱정으로 하루하루가 힘겹습니다. 이 사연을 통해 제 마음을 조금이나마 누군가 알아줬으면 좋겠습니다.

나는 사연을 듣자마자 진행자에게 물었다.

"선생님, 어떤 사람이 지금 숯불이 가득 담긴 뜨거운 항아리를 안고 뜨겁다고 소리친다면 뭐라고 하시겠어요?"

"아, 그럼 그 항아리 내려놓으라고 하겠지요."

"그렇지요? 지금 사연에 나온 예순한 살 아들이 그 항아리예요."

고개를 끄덕이는 진행자를 보며 설명을 이었다.

"흔히 부모 사랑은 내리사랑이라 해서 끝이 없지요. 아들이 환갑이 넘어도 아이처럼 보이고 걱정되는 게 부모 마음이지요. 그래서 한도 끝도 없이 퍼주는데요. 그게 정말 건강한 사랑일까요? 자식에게 퍼붓는 사랑이 모조리 건강한 사랑이라고 할 수 있을까요? 때로는 자식을 병들게 하는 독이 될 수도 있지 않을까요?"

사연을 보낸 팔순 엄마를 보면 딱하다. 병든 남편 수발을 마친 지 얼마나 됐다고 무위도식하는 아들 수발을 들고 있으니 말이다. 나는 엄마에게 묻고 싶다. 어머님, 당신은 어디 있으신가요. 남편이 전부였다가 지금은 아들이 전부이니, 당신은 어디 있나요.

자식을 향한 사랑이 건강한 사랑이 되려면 자식을 살려야 한다. 몸도 살리고, 마음도 살려야 건강한 사랑이다. 화초를 사랑한다는 건 살리는 행동을 한다는 뜻이다. 그런데 지금 팔순 엄마의 사랑은 자식을 살리는 게 아니다. 오히려 아무것도 하지 않고 유흥만으로 탕진하며 몸도 망가지고 마음도 망가지는 아들로 만들고 있으니 건강한 사랑이라 하기 어렵다.

나는 진행자에게 아들의 이름을 알고 있다고 했다. 진행자가 깜짝 놀라며 정말이냐고 되물었다. 나는 웃으며 아들의 이름을 말했다.

"꿀빠 아들이에요. 정확한 이름은 '꿀빠네'죠."

진행자가 큰 소리로 웃었다. 나는 엄마 이름도 안다고 했다.

"엄마 이름은 분명히 '꿀벌 엄마'예요. 꿀통을 맨날 대주는 엄마지요."

엄마는 자식을 놓아주지 못하는 걸까, 아니면 놓아주

지 않는 걸까. 내 눈에는 놓아주지 않는 것으로 보였다. 아들이 환갑이 지났는데도 엄마는 안됐다는 마음으로 끼고 살고 있다. 아들은 그런 엄마를 든든한 꿀통으로 여기고 꿀 빠는 세월을 하염없이 보내고 있다. 이럴 때 필요한 건강한 사랑은 아들을 내보내는 것이다. 그 마음은 야박함이 아니라 단호함이다. 사랑이 감정에 지나치게 휩싸일 때 병든 사랑으로 변질되고, 이성으로 적절하게 조절할 수 있을 때 건강한 사랑이 된다. 지금 엄마는 단호함이란 사랑을 아들에게 주어야 한다.

"이 아들 내보낸다고 죽지 않습니다. 멀쩡하게 당구 치고 술 마시는 아들은 자기 살길을 또 찾을 수 있어요. 지금은 자기 죽이고 엄마 죽이는 불효자를 엄마가 만들고 있는 겁니다."

라디오 방송을 마치고 집으로 돌아오며 부모의 자격에 대해 생각했다. 부모는 자식을 위한 두 개의 기둥을 지니고 있다. 바로 '보호'와 '자립'이다. 스물 이전의 자식은 보호가 필요하다. 그러나 그 후에는 보호가 독이 된다. 어떻게 하든 스스로 자립할 수 있도록 끼고 살고 싶은 마음을 스스로 독하게 뿌리치는 게 건강한 부모의 역할이다.

우리나라 부모들의 유별난 자식 사랑은 세계에서 유래를 찾을 수 없을 정도다. 그 결과 엄마 아빠에게 빨대를 꽂고 꿀을 빠는 꿀빠 아들딸이 부지기수로 많다. 이런 현상을 가능하게 하는 것이 부모의 '까지만' 병이다. 우리 아들 대학 갈 때 '까지만', 군대 갔다 올 때 '까지만', 취직할 때 '까지만'으로 이어지는 맹목적인 보호는 내가 눈 감을 때 '까지만'으로 이어진다. 이는 건강한 사랑이 아니다. 필요할 때 떠나보내는 사랑이 건강한 사랑이다. 부모의 자격은 안고 있어야 할 때와 떠나보내야 할 때를 명확히 아는 것에서 시작된다. 그리고 자식은 부모의 품에서 벗어나야만 비로소 어른이 되는 길에 들어설 수 있다.

어머님, 예순한 살 사랑하는 자식, 이젠 떠나보내세요. 더 이상 아드님은 여섯 살이 아니랍니다.

저
사람은
좋겠나

○ 공감

살다 보면 나만 힘든 것 같다. 나를 제외한 다른 사람은 다 잘 사는 것 같다. 유독 나만 힘들고, 고통스럽고, 아픈 것 같다. 한번 이런 생각이 들면, 길을 걷다 가도 내 모습을 다른 사람과 비교하게 된다. 다들 키도 크고 멋있게 차려입었는데, 나만 키도 작고 후줄근하게 입은 것 같아 위축된다. 조카가 어렸을 때, 엄마에게 물었다.

"엄마, 나 궁금한 게 하나 있어."

"뭔데?"

"왜 우리 집에는 텔레비전에 나오는 예쁜 여자가 아무도 없어?"

형수는 능청스럽게 대답했다.

"잘생기고 멋진 남자는 있어?"

"아니. 없어."

"그러게, 예쁘고, 잘생긴 사람들은 다 어디로 가고 우리 집으로는 한 명도 안 왔을까?"

나는 형수님과 조카가 나눈 이야기를 건네 듣고, '어? 정말 그러네!' 싶었다. 왜 우리 집에만 잘생긴 사람이 없을까. 그런데 가만 생각해보니 우리 집만 그런 게 아니었다. 내 친구 집이나 우리 집이나 사정이 다 비슷했다. 고만고만한 사람들이 옹기종기 모여 살고 있었다. 그렇다면 형수님 말처럼 잘난 사람들은 다 어디에 가서 살고 있는 걸까.

잘생기지 못한 것도 서러운데, 가끔 아프기도 하다. 병원에 가보면 죄다 아픈 사람들뿐이다. 온갖 인상을 쓴 사람들이 자기 이름이 불리기만을 기다리며 시계를 바라보고 있다. 그런데 신기하게도 마음이 편하다. '아, 나만 아픈 게 아니구나.', '나보다 더 아픈 사람도 있구나.' 하는 생각이 든다. 곁의 아픈 사람을 통해 내 아픔이 위로받음을 느낀다.

사람은 묘한 존재다. 같이 아프면 덜 아프다. 같이 가난하면 덜 힘들다. 누군가 나와 같은 고통을 겪고 있음을 확인하면 사는 게 덜 고통스럽다.

작고한 박완서 작가는 어느 날 모임에 갔다가 겪은 이야기를 독자들에게 들려주었다. 한 어머니가 자신의 아들이 교통사고로 골절상 입었다는 이야기를 하며 세상이 무너질 듯 걱정했다고 한다. 그런데 그 어머니는 박완서 작가가 서울대 의대 인턴이던 아들을 교통사고로 잃었던 걸 몰랐던 모양이다. 작가는 그 어머니의 사정을 다 들은 뒤 조용히 내 아들은 세상을 떠났다고 말했다. 그 순간 황급히 자리를 뜨던 그 어머니의 얼굴을 작가는 회고했다. 그 어머니는 안도와 기쁨의 표정을 짓고 있었다. 우리 아들은 팔이 부러졌지만, 저 집 아이는 지금 세상에 없다는 참담한 소식이 그 어머니가 마주한 불행의 무게를 가볍게 해준 것이다.

그래서 우리는 홀로 사는 존재가 아니라 같이 사는 존재다. 나만 못생기고, 못난 게 아니라는 사실은 세상을 살 만하게 만들어주는 진정제가 되고 치료제가 된다. 괴로움을 겪는 사람들에게 위로가 될 만한 시를 한 편 전해주고 싶다. 베드로시안이라는 시인이 쓴 것으로 알려진 「그런 길은 없다」이다.

그런 길은 없다

아무리 어둡고 험난한 길이라도
나 이전에
누군가는 이 길을 지나갔을 것이고

아무리 가파른 고갯길이라도
나 이전에
누군가는 이 길을 통과했을 것이다

아무도 걸어가 본 적이 없는
그런 길은 없다

어둡고 험난한 이 세월이
비슷한 여행을 하는
모든 사랑하는 사람들에게
도움과 위로를 줄 수 있기를

   30년 넘게 부부와 가족 상담을 하면서, 자기가 제일 불행하고 힘들게 산다고 믿는 사람들만 만나왔다. 고통과 아품은 비교를 허용하지 않는다. 나의 힘듦이 세상에서 제일 중요하다. 그런 부부와 가족을 만났을 때 나는 베드로시안의 시를 낭송해주곤 했다. 그러면 많은 경우 숙연해진다. 정말 그렇다는 생각이 들며 설명하기 힘든 어떤 따스함에 위로를 받는다. 그래, 나만 힘든 건 아니었구나.

퇴근길에 차를 몰고 집으로 가다 보면 끝없이 늘어선 차들에 짜증이 난다. 나 또한 예외는 아니다. 도무지 줄어들지 않는 내비게이션의 목적지 도착 시간. 설상가상으로 갑자기 끼어드는 차에 몇 차례 놀라고 나면 나도 모르게 화가 올라온다. 몇 해 전 노을이 몹시 예쁜 퇴근길이었다. 기왕 늦을 거 마음을 편하게 먹자고 생각하는데, 앞차 운전자의 희끗한 머리가 보였다. 한눈에 봐도 피곤한 기색이 느껴졌다. 그는 그 피곤함을 이겨내려고 고개를 좌우로 힘겹게 돌리고 있었다. 순간 내 머릿속에 이런 의문이 생겼다.

'저 사람은 지금 좋을까?'

그럴 리가 없다. 저 사람도 나처럼 이 교통 체증이 좋을 리가 없다. 내 옆 차 운전자도, 뒤차 운전자도 좋을 리가 없다. 그렇다면 저 길 끝까지 좋을 사람이 누가 있을까. 아무도 없을 것이다. 이런 생각이 꼬리에 꼬리를 붙기 시작하자 나도 모르게 내 입에서 긴 탄식이 나왔다.

"참말로 다 고생이 많네."

그랬다. 그날 꽉 막힌 퇴근길에서 차를 모는 사람들은 다 고생이 많았다. 그 전날도, 그 다음 날도 사람들은 여전히 고생이 많았고 많을 것이다. 나는 그날 이후 도로 위에서 느끼는 스트레스가 절반 이하로 줄어들었다. 대신 차가 막히면 자연스레 혼잣말을 하게 되었다.

"저 사람은 좋겠나."

옛사람들은 인생을 고통의 바다, 즉 고해 苦海라고 했다. 태어나는 순간부터 죽음에 이르는 순간까지 우리는 고통의 바다, 상심의 바다에서 살기 위해 버둥거리는 가련한 존재다. 잠시라도 힘을 빼고 발과 손을 젓지 않으면 그대로 가라앉게 되어 있다. 그런데 나만 그런 게 아니다. 편안해 보이는 다른 사람들도 실은 물 아래에서 열심히 손과 발을 움직이고 있다. 나만 힘든 게 아니라, 우리가 다 힘든 거다. 그렇게 힘든 와중에도 버티고 견디는 거다. 그래서 안쓰럽지만, 한편으론 대단하다. 세상을 살아가게 하는 힘은 바로 이 사람들을 돌아보는 데서 나온다.

아무도 걸어가 본 적 없는 그런 길은 없다. 이 사실을 알면 나를 위로하고 다른 사람을 위로할 수 있다. 그리고 먼저 손 내미는 사람을 우리는 '진짜 어른'이라 부른다.

잠깐 쉬지 않으면
영원히
쉬어야 한다

○ 휴식

"나이 들어 시골에 가서 사는 사람들 보면 한심하다는 생각이 들었거든. 그런데 내가 이렇게 암 걸리고 나서 보니 시대를 앞서간 사람들이라는 걸 알게 됐어."

암 진단을 받은 뒤 산속의 작은 집을 빌려 치료를 시작한 형이 말했다. 형은 한 해도 쉬지 못하고 앞만 보고 달려오다 덜컥 암 진단을 받았다. 나를 위해 살아온 날이 며칠이나 될까 생각해보니 사흘이 채 되지 않더라며, 형은 자신이 결국 암에 걸릴 수밖에 없는 인생을 살았다고 자조했다.

형은 오랜 투병 끝에 K-장남의 무게를 내려놓고 영원히 쉬는 세계로 떠났다. 그런 형의 죽음은 내 인생을 돌아보는 계기가 되기에 충분했다. 나는 형처럼 일만 하는 인생을 살지 않겠다고 다짐했다. 하지만 그 다짐은 오래가지 못했다. 먹고살기 위해 어쩔 수 없이 바쁜 세상 속으로 뛰어들 수밖에 없었다. 형이 하늘나라로 간 지 일 년도 채 지나지 않았을 때였다. 그러자 몸 여기저기에서 삐걱거리는 소리가 들리기 시작했다. 귀에서 이상한 소리가 나고, 눈은 침침해졌으며, 당 수치는 치솟았다. 몸이 점점 무거워져서 자리만 나면 앉고 싶고 눕고 싶어졌다.

그러다 최근 열 시간 넘게 비행기를 타고 멀리 다녀와야 하는 일이 생겼다. 예전 같으면 비행기에 오래 앉아 있는 시간 동안 다리가 뻐근하고 좀이 쑤셨을 텐데, 신기하게도 이번에는 전혀 그런 느낌이 들지 않았다. 어둑한 기내 조명 아래 가만히 눈을 감고 있으니 번잡한 일상이 비로소 흩어져 사라지는 것 같았다. 참 오랜만에 나를 만났다는 느낌에 와락 반가움과 알 수 없는 서러움이 몰려왔다. 나는 너무 오랫동안 너무 멀리 나를 밀쳐두고 있었다. 사람들이 요구하는 일을 하느라 정작 내가 무엇을 원하는지는 등한시해온 것이다.

인디언들은 말을 타고 빠르게 들판을 달리다가도 이유 없이 잠시 멈춘다고 한다. 내 영혼이 따라올 시간을 주기 위해서다. 정신없이 달리다 보면 여유를 식량으로 삼는 영혼이 미처 따라오지 못하고 저만치 뒤처져 멀뚱히 내 몸을 바라보고 있다고 생각했기 때문이다. 영혼이 다시 돌아올 때까지 스스로 쉼을 선물하는 미덕이 인디언들에겐 있었다.

완벽주의자였던 제자가 있다. 그녀는 무엇이든 완벽하게 처리해야 직성이 풀렸다. 학교 성적도 최우수여야 했고, 재혼한 가정에서의 역할도 만점 아내와 엄마여야 했으며, 회사에서도 탁월함을 인정받는 직원이어야 했다. 그런 그녀가 완벽한 삶을 산 결과로 얻은 것은 고작 40대 후반에 맞이한 말기 암이었다. 그녀는 위를 모두 절제한 다음에야 비로소 자신을 따라오지 못하던 영혼을 받아들이게 되었다. 너무 늦은 시기에 받아들인 영혼이 그녀에게 전한 메시지는 그녀의 휴대전화 배경 화면에 이렇게 적혀 있었다.

'작게 여러 번 말씀하셨는데 알아듣지 못했나 보다.'

그녀가 믿는 신이 여러 번 작은 목소리로 몸의 이상을 경고했는데, 앞으로만 달리려 하는 완벽성 때문에 그 소리를 듣지 못했다는 것이다. 그러다 그녀는 끝내 듣지 않을 수 없는 죽음의 소리를 듣게 되었고, 때는 이미 늦은 상태였다. 위를 절제하고 죽만 먹게 된 그녀의 몸은 금세 앙상해졌다. 나는 안타까운 마음을 감출 수 없었다. 작은 휴식으로 막을 수 있었던 커다란 죽음의 벽을, 그녀는 고통 속에서 천천히 감내해야 했다.

류시화 작가는 이렇게 말했다.
"우리가 멀리 떠나는 것은 나에게 더 가까이 가기 위함이다."
비행기에서 휴식을 취하며 나는 그 말이 어떤 뜻인지 단박에 깨달았다. 사람들과 연락할 일이 없으니 나를 만날 수 있고, 어떤 일도 할 필요가 없으니 내가 하고 싶은 게 무엇인지 떠올랐다. 아무것도 하지 않는 시간과 공간 속에서 비로소 나는 내가 될 수 있었다.
'내가 가장 하고 싶은 일은 무엇일까? 나답게 사는 것은 무엇일까?'
답은 자명했다. 작가로서 글을 쓰는 것이다. 글을 쓰며 내 마음을 일목요연하게 정리하고, 수많은 사람을 만나며 얻은 작은 지혜들을 모아 다시 사람들에게 전달하는 일이다. 그렇게 '보이지 않지만 바람이 불 듯이, 보이지 않지만 마음이 흐르는' 글을 써 내려가는 것이다. 그게 나다운 삶이다. 생각이 여기까지 미치자 그제야 비로소 내 마음은 편안해졌다.

비단 나에게만 해당하는 일은 아닐 것이다. 멀리 떠남으로써 나에게 더 가까이 다가가는 일은 언제든 누구나 누릴 수 있는 축복이다. 비행기를 타지 않아도, 정말로 멀리 떠나지 않아도 언제 어디서든 가능하다. 잠시 연락을 끊고, 일을 미루고 방 안에서 혼자만의 시간을 가지는 것만으로도 뒤처져 있던 내 영혼이 다시 돌아옴을 충분히 느낄 수 있다.

열심히 나아가는 일만큼이나 쉴 줄 아는 사람, 그럼으로써 세상과 단절되지 않고 행진과 멈춤을 리드미컬하게 이어갈 수 있는 사람, 그런 건강한 어른이 되어보는 건 어떨까. 세상 속에 있으면서도 세상에서 떨어질 수 있는 사람이 된다면 분명 더 조화로운 삶을 꾸릴 수 있다. 쉬는 것은 노는 게 아니라 일하는 것이다. 이 사실을 깨닫는 순간, 쉼이 가진 진짜 의미가 내 삶 속으로 뚜벅뚜벅 건강하게 걸어 들어올 것이다.

개발도상국 아들의 비극

○ 부탁

"우리 아버지는 지금 살았으면 감옥에 갔어요."

"왜요?"

"가부장적인 데다 남아선호사상이 심했어요. 엄마도 때렸지만 우리도 걸핏하면 하루가 멀다 하고 때렸죠. 그때는 다들 맞으면서 컸어요. 가정폭력법인가 뭔가가 그때는 없었잖아요. 만약 있었다면 우리 아버지는 평생 감옥에 갇혔을 거예요."

"아, 그래서 하신 말씀이군요."

"그때 아버지한테 잘못 배워서 지금 이 나이에 이런 자리에 왔네요."

방을 치우지 않았다는 이유로 서른이 넘은 딸에게 욕을 하며 선풍기를 던진 60대 중반 남성. 딸은 기가 막힌다는 표정을 지으며 문을 걸어 잠갔다. 10분이 채 지나지 않아 현관 초인종 소리가 들렸다.

"누구세요?"

"문 좀 여세요. 경찰입니다."

"경찰이 왜요?"

"가정폭력으로 신고가 들어왔습니다. 문 좀 여세요."

문을 열자 경찰 두 명이 집으로 들어왔다. 딸에게 가정폭력이 일어난 상황을 듣고 남성을 경찰서로 데려가 조사했다. 딸이 깨끗하게 방을 치웠으면 이런 일이 없었을 텐데, 그렇다고 아버지를 신고할 것까지야, 하며 남성은 답답함을 호소했다. 남성 입장에서 더 기가 막힌 건 딸이 머무는 집에서 최소한 100미터 이상 떨어진 곳에 살라는 법의 명령이었다. 위반 시 더욱 강한 처벌을 받을 거라고 했다. 남성은 입을 다물지 못했다. 경찰에게 잡혀 온 것도 모자라 집에서 쫓겨날 지경이라니. 세상에 무슨 이런 경우가 있나 싶었다.

하지만 법을 이길 수는 없었다. 옷가지 몇 벌을 주섬주섬 챙겨 집을 나서는데, 딸은 문을 걸어 잠그곤 아예 나와 보지도 않았다. 궁한 마음에 외출한 아내에게 전화를 걸었지만 수신이 거부되었다는 메시지만 흘러나왔다. 이미 어머니와 딸은 아버지를 용서하지 않기로 마음먹었던 것이다.

남성은 혼자 모텔에 짐을 풀고 긴 한숨을 내 쉬었다. 이게 무슨 꼴이람. 그때 날마다 두드려 패던 아버지가 떠올랐다. 그 당시엔 참나무 몽둥이로 맞아도 찍소리 못하고 잘못했다고 싹싹 빌었는데, 세상이 변해도 너무 변했구나. 홧김에 선풍기 한 번 던졌는데, 더구나 선풍기가 자기한테 맞지도 않았는데 경찰에 나를 신고해? 때린 것도 아닌데 가정폭력이라니. 생각할수록 잘못에 비해 과한 처벌을 받은 것 같아 억울했다.

얼마 뒤 법원에서 판결을 받으라는 연락이 왔다. 또 기가 막혔다. 판사는 가정폭력 가해자로 6개월간 상담을 받으라고 했다. 사정을 이야기해봤자 괘씸죄만 추가될 것 같아 알겠다고 답했다. 법원에서 나와 저녁에 소주를 한 잔 마시는데 눈물이 흘러내렸다.

그런데 상담을 하면서 보니 자신은 억울한 축에 끼지도 않았다. 더 가벼운 가정폭력으로 신고되어 온 사람이 여럿이었다. 화가 나 자동차를 걷어찼다는 이유로 잡혀 온 사람도 있었고, 각티슈를 던졌다고 잡혀 온 사람도 있었다. 가족이 함께 이용하는 선풍기나 자동차 등 공용물품에 공격을 가하는 것도 가정폭력 범위에 속한다는 걸 처음 알았다. 아, 세상이 참 많이 변했구나. 나만 이런 게 아니었구나. 억울한 마음이 조금 누그러졌다. 그제야 집단 상담을 진행하는 진행자의 이야기가 귀에 들어왔다.

"나라가 안방으로 들어온 건 1998년부터입니다. 안방, 거실에서 일어나는 폭력에 대해 더는 가정사로 여기지 않겠다는 생각이었지요. 그 덕에 세상이 변했습니다. 지금은 아무리 가족이라도 마음에 안 드는 일을 폭력으로 풀면 처벌받는 시대입니다."

그렇구나. 마음에 안 드는 일을 화가 난다고 마구 풀었다간 경찰에 잡혀가는 시대구나. 조금만 마음에 안 들어도 참나무 몽둥이로 사정없이 때리던 아버지가 다시 떠올랐다. 지금 시대에 태어났더라면 아버지는 신세를 망쳤을 거다. 평생 감옥에서 살아야 했을 거다.

남성이 아버지 얘기를 꺼낸 건 집단 상담이 몇 차례 진행된 뒤였다.

"후진국 아버지한테 잘못 배운 개발도상국 아버지인 제가 선진국 딸에게 잘못해서 여기 왔네요."

참가한 사람들이 웃었다. 비유가 찰떡이라고 이구동성으로 말했다.

"후진국은 때리고, 개발도상국은 던지는 거네요."

"그렇죠. 그런 거죠."

"그럼, 선진국은 어떻게 할까요?"

"그건 모르겠네요. 그러니까 예순다섯에 이런 델 온 거 아니겠어요."

"때리면 후진국, 던지면 개발도상국이고, 부탁하면 선진국 아닐까요?"

남성은 잠시 침묵에 잠겼다. 다른 참가자들도 각자 생각에 잠겼다. '부탁'이라니 생소한 말이다. 마음에 안 들면 아내 목을 조르고, 각티슈를 던지고, 자동차 앞문을 걷어차고, 고래고래 소리를 지르는 게 지금껏 봐온 분노의 표출법이었는데. 누가 가르쳐주지 않았지만 원래 그러는 거라고 생각해왔는데. 나는 후진국형, 개발도상국형 폭력 행위자였구나 하고 반성하는 것 같았다.

아마 선진국 사람이라면 방을 어지럽힌 딸에게 이렇게 부탁했을 것이다.

"네 방을 보니 아버지 마음도 심란하다. 바빠서 그러겠지만 시간 내어 방 정리도 좀 하면 좋겠다."

그랬다면 서른 넘은 딸이 아버지에게 모욕감과 위협을 느끼지 않았을 것이고, 경찰에 신고하는 강수를 두지도 않았을 것이다. 사실 후진국이니 선진국이니 하는 기준을 떠나 폭력을 휘두르지 않는 건 사랑하는 가족에 대한 기본적인 예의다. 아버지에게 잘못 배웠으면 자식에게는 잘 가르쳐야 한다. 그래야 비극적인 폭력의 대물림을 끊어낼 수 있다.

이제 세상이 바뀌었다. 속상하고 화나는 일이 있어도, 아무리 자식이 잘되길 바라는 마음이 크더라도, 이젠 폭력이 아닌 부탁을 해야 하는 시대다. 어른은 이렇게 변화하는 상황과 조건 안에서 가장 좋은 말과 행동이 무엇일까를 고민해야 한다. 힘든 일을 겪은 60대 중반의 아버지가 부디 부탁하는 아버지로 거듭나기를 바란다.

하나만
잘하면
돼

○ 몰입

"오늘도 A 과목 리포트 준비해야 해요……."

"어쩌니… 대학교 수업이 A 과목 하나만 있는 것도 아닌데……."

"……."

막 대학에 입학한 아들이 몇 주째 한 과목 과제에 매달려 대부분의 시간을 보내고 있다는 사실을 알게 된 아내는 걱정이 깊었다. 다른 과목들도 있는데 저 과목만 저렇게 파고 있으면 어쩌나 싶었던 거다. 아들의 푸념에 엄마는 애써 아닌 척 답장했지만, 아들은 엄마가 진짜 걱정하는 바를 눈치챈 모양이었다. 아들은 대답 대신 말줄임표를 똑똑똑 찍어 보낸 뒤 더 이상 말하지 않았다.

가족 단톡방에서 아들과 아내가 주고받은 메시지를 본 나는 문득 대학교 1학년 때 철학 교수가 해준 말이 떠올랐다.

"대학 공부를 하는 법은 두 가지가 있네. 나는 법과 기는 법이지. 나는 그 가운데 나는 법으로 갔네. 내가 좋아하는 과목만 펄펄 날았어. 나머지는 아예 관심도 없었단 말일세. 그 과목 전문가를 직접 찾아가 이야기도 듣고, 관련된 책도 도서관에 가서 편식하듯 읽었지. 그러다 보니 내 성적은 그 과목만 최고점이고 다른 과목은 낙제만 겨우 면하는 최저점이었네. 쉽게 말해 엉망이었지. 그래도 나는 졸업할 때까지 그 과목만 밀고 나갔어. 매 학기 좋아하는 과목이 조금씩 바뀌긴 했지만, 제일 처음 좋아하는 과목과 관련된 것들이었지.

친구들은 그런 나를 괴짜라고 불렀네. 언젠가는 모든 과목을 A로 도배하던 한 친구가 그랬어. 너는 조금만 골고루 공부하면 나처럼 성적을 받을 것 같다고. 나는 솔직히 그런 덴 관심이 없었어. 내가 하는 공부 방식이 너무 재미있었거든. 성적으로만 보면 그 친구는 나는 학생이었고, 나는 기는 학생이었지. 그런데 세월이 지나고 보니 그 친구는 남 밑에서 기고 있더군. 성적이 좋으니까 좋은 회사에 뚝딱 들어가긴 했는데, 거기서도 모든 일을 다 잘해야 하는 과업이 기다리고 있었던 거지. 그걸 다 해내느라 자기가 뭘 좋아하는지도 모르고 남 요구에 설설 기는 삶을 살고 있더라고.

나는 반대였네. 내가 특정 과목을 정말 잘한다는 걸 듣고 대학원에 오라는 교수님 말씀이 있었고, 공부를 박사까지 마치니 대학교수 자리가 바로 나왔지. 교수가 된 뒤에는 대학 때 날던 공부를 그대로 이어서 너희들에게 가르치고 있으니 정말 펄펄 나는 셈이지. 성적은 기었지만 삶은 날 수 있는 공부를 한 걸세.

나는 자네들이 이제 두 가지 방법 가운데 하나를 택하게 될 거라고 생각하네. 그사이 어정쩡한 걸 하면 공부도 삶도 다 어정쩡해질 거야. 잘 선택하게. 남은 인생이 거기 달려 있으니."

마치 다시 그때로 돌아간 듯 교수의 목소리가 생생하게 귓전에 울렸다. 나는 생각을 정리한 뒤 가족 단톡방에 메시지를 남겼다.

"무언가에 미쳐야 어딘가에 미친다. A 과목에 미친 순간의 너는 가장 멋진 사람이다. 이런 널 아빠 진짜 좋아한다. 다 잘하려고 하면 하나도 못 하게 되고, 하나를 잘하게 되면 모든 걸 잘하게 된다."

내 메시지에 아내도 아들도 답이 없었다. 아마 서로 다른 방향으로 생각이 많았을 것이다.

한 번씩 카페에서 만나 다양한 이야기를 나누는 서른 살 내 친구는 내 얘기를 듣더니 이렇게 말했다.

"저는 이렇게 생각해요. 아드님이 지금 좋아하고 열심히 하는 과정, 그 열정은 평생 잊히지 않는 재산이 될 거예요. 내가 모든 걸 걸고 마침내 해냈다는 성취감이 자신감이 되는 거지요. 살면서 그런 순간이 꼭 필요한 것 같아요.

제가 오래 살아보진 않았지만, 그때 좋았던 것이 평생 똑같이 좋은 건 아니라고 생각해요. 몇 년 지나면 좋아하는 게 다르게 변하지요. 몇 년 뒤엔 또 다른 걸 좋아하게 되고요. 그러나 좋아하는 걸 좋아하는 방식은 변하지 않는 것 같아요. 열정적으로 거기에 몰입해서 모든 걸 거는 방식 말예요. 그걸 지금 아드님이 경험하고 있는 것 같아 보기 좋은데요? 그런데 혹시 모든 과목 성적이 다 좋은 아이들의 문제가 뭔지 아세요?"

"그런 아이들에게도 문제가 있어요?"

"제가 보기엔 모든 과목을 잘하는 건 올가미예요."

"올가미요?"

"회사에 들어가면 성적이 좋았던 게 올가미가 돼요. 흠. 대학에서 이렇게 공부를 잘했으니 무슨 일을 시켜도 잘하겠군. 다른 사람들의 기대치를 한껏 높인단 말이에요. 그런데 일을 시키면 생각만큼 못하는 거예요. 그러면 사람들은 판단하죠. 아, 공부머리는 있는데 일머리는 없군. 이런 평가는 평생 자신을 따라다니는 꼬리표가 됩니다. 성장을 방해하는 올가미가 되고요."

친구의 말에 대학교 1학년 때 들었던 철학 교수의 말이 다시금 떠올랐다.

"그럴 수도 있겠네요."

"게다가 모든 과목을 다 잘하는 친구들은 자기가 진짜 잘하는 하나가 뭔지 몰라요. 이것도 잘하는 것 같고, 저것도 잘하는 것 같죠. 그렇게 다른 사람 요구에 따라 살다 보니 내 요구는 무엇인지 모르는 이상한 일이 생기는 거죠."

역시 내 친구는 몸 나이는 서른이지만 생각 나이는 환갑이 넘는단 말이야. 친구와의 대화를 통해 나는 아들에게 보낸 메시지가 틀리지 않았음을 확인했다. 하긴 〈생활의 달인〉 프로그램 출연자들을 보면 다들 하나의 분야에 미쳐있는 사람들이었다. 그 덕분에 장인이 되었고, 인정을 받으며 더욱 행복하게 자신의 길에 몰두할 수 있었다.

그래, 아들아. 하나만 잘하면 돼. 어디 한번 미쳐보아라. 그래야 무엇이든 그 마음, 그 방법으로 잘하게 되는 사람이 된다. 몸 나이는 이제 막 스물이지만, 삶의 원리를 터득해 나가며 성장하는 네가 자랑스럽다. 아빠도 다시 대학으로 돌아갈 수 있다면 너처럼 살아보고 싶구나. 힘들겠지만 좌절하지 말고 한 가지에 모든 에너지를 쏟아부을 수 있는 멋진 어른으로 성장하길 응원한다.

"네, 열심히 해볼게요. 고마워요, 아빠."

아들로부터 답장이 온 건 그 뒤로 며칠이 지난 뒤였다.

즐거운
숲
공동묘지

○ 죽음

　미국 코넬 대학 입구에는 특이한 공동묘지가 있어 학생과 방문객들의 호기심을 자아낸다. 카유가 호수 아래 위치한 이 묘지의 이름은 특이하게도 '즐거운 숲 공동묘지Pleasant Grove Cemetery'다. 1847년에 만들어진 이 묘지에는 학교 교수, 직원, 졸업생들이 주로 안장되어 있다. 특이한 이름답게 여기 묻힌 사람들의 묘비명도 남다른데, 어느 교수는 묘비에 '나의 일, 나의 집, 나의 묘지'라고 새겼다. 죽음을 두려움과 공포의 대상으로 여기지 않았다는 얘기다.

　어떻게 하면 도대체 죽음이 두렵지 않고 즐거울 수 있을까? 그만큼 놀고 쉬면서 재미있게 살았다는 걸까? 그런데 꼭 그런 것만은 아닌 것 같은 게 이 묘지 안에는 노벨상 수상자들도 여럿 있다. 평생을 학업과 연구에 매진했던 이들이다. 놀고 쉬기보다는 치열하게 공부하고 연구한 덕분에 이들은 영광스러운 노벨상을 받을 수 있었다. 한마디로 일에 미쳐 살았다는 것이다.

일에 미쳐 사는 인생은 얼핏 보기엔 괴로운 삶이지만, 실은 인간이 누릴 수 있는 가장 황홀한 삶이다. 자신이 좋아하는 일을 누구에게도 강요받지 않고 오롯이 집중할 수 있는 삶, 자신이 잘하는 일을 소신에 따라 매일 충실하게 실행하는 삶은 그 자체로 온전하고 충만하다. 매일매일 도전의식과 성취로 가득한 삶은 죽음 앞에서도 미련이나 후회가 없다. 그렇기에 묘지는 슬프거나 괴로운 곳이 아니라 내 삶을 모두 불태운 뒤에야 얻게 되는 편안한 휴식의 장소다. 그런 후회하지 않는 삶을 평생 살아온 이들이 즐거운 마음으로 눈을 감는 곳이 '즐거운 숲 공동묘지'다.

살다 보면 유난히 생기가 넘치는 사람을 만날 때도 있고, 병든 닭처럼 겨우 눈을 뜨고 사람을 만날 때도 있다. 둘의 차이는 내 인생을 사는 주체에 달려 있다. 생기가 넘치는 사람은 내가 주인공이 되어 살고, 힘이 없는 사람은 누군가의 대리 인생을 산다. 무엇을 하느냐는 중요하지 않다. 무엇을 하든 그 일을 하는 이유가 내 선택이냐, 아니면 다른 사람의 선택이냐에 따라 차이가 난다. 설령 다른 사람의 선택으로 일을 하더라도, 그 일을 내 일로 당당하게 받아들이면 삶에 생기가 돈다.

대학에서 학생들을 가르칠 때 종종 마주치는 청소 여사님 세 분이 계셨다. 그 가운데 두 분은 늘 얼굴에 그늘이 드리워져 있었고, 한 분은 밝고 명랑했다. 언젠가 밝고 명랑한 여사님과 이야기를 나눌 기회가 있었다. 나는 평소 궁금하게 여겼던 바를 물었다.

"일이 힘들지 않으세요? 힘든 일을 하시면서 어쩜 그렇게 밝은 표정을 지으실 수 있죠?"

"아, 어두울 게 뭐가 있어요. 제가 청소할 때마다 학교가 반짝반짝해지고, 교수님들이 기분 좋게 가르치고 학생들도 열심히 공부해서 우리나라가 발전하는데요. 오히려 기분이 좋지요. 저는 공부를 하고 싶어도 가정형편이 안 돼서 못했는데, 오히려 여기 오니까 전부 공부하는 분들만 있어서 매일 그 기운을 받아가요. 공부 못했던 한이 반은 풀린 것 같으니 또 기분이 좋지요."

여사님의 이야기를 들으며 나는 힘껏 고개를 끄덕였다.

우리의 가치를 결정하는 건 우리가 하는 일이 아니다. 그 일에 우리가 어떤 의미를 부여하는가가 우리의 가치를 결정한다. 똑같은 일을 하면서도 얼마든지 나의 가치를 높일 수 있고, 반대로 내릴 수도 있다. 여사님은 청소일에 스스로 가치를 부여한 분이었다. 노벨상을 받은 학자들 못지않게 자신의 인생을 도전의식과 성취로 가득 채운 분이었다.

내게 상담을 가르쳐주신 우리 선생님은 어느 날 집에서 나오다 미끄러져 그만 머리를 크게 다치고 말았다. 간신히 목숨을 건진 선생님은 몇 달 동안 병원에 입원해 치료를 받으신 뒤에야 퇴원할 수 있었다. 선생님은 그 당시를 회상하며 이렇게 말씀하셨다.

"정신이 혼미해지면서 이렇게 죽는구나 싶더라고. 그때 다른 것보다도 지금 쓰던 책은 다 마무리하고 죽어야 하는데, 이런 생각이 들더라고."

선생님 이야기를 들으며 나는 놀라기도 하고 허탈하기도 했다. 목숨이 위태로운 마당에 쓰던 책을 마무리 짓지 못하는 게 아쉽다고? 진심으로 하시는 말씀인가? 그런데 곰곰 생각해보니 매일 충실한 삶을 살아온 신생님 입장에서는 후회되거나 아쉬울 게 없다는 생각이 들었다. 즐거운 숲 공동묘지에 묻힌 교수들처럼 한평생을 뜻하는 대로 마음껏 살았으니 언제든 편안하게 눈을 감으실 수 있겠다 싶었다. 단 하나, 쓰다 만 원고 하나만 빼고 말이다.

대중에게 사랑받는 가수 이문세 씨는 두 차례에 걸쳐 갑상샘암 수술을 받았다고 공개했다. 첫 번째 수술과 달리 두 번째 수술은 쉽지 않았다. 암 덩어리가 성대에 매우 가까이 붙어 있어 자칫 성대를 건드렸다간 목소리가 회복되지 않을 수도 있었기 때문이다. 의료진의 설명을 들은 이문세 씨는 놀랍게도 성대 쪽 암세포 일부를 남겨둔 채 수술을 하기로 결정했다. 자기는 가수인데, 목소리가 나오지 않으면 그건 몸만 살아 있을 뿐 자신으로서는 이미 죽은 거나 다름없다는 논리였다. 나라면 과연 그럴 수 있었을까? 목소리를 지키기 위해, 노래를 부르기 위해, 죽음을 불러올 수도 있는 암세포를 몸에 남겨둘 수 있었을까?

대부분 죽음은 가장 큰 공포이며 비극이라고 생각한다. 하지만 우리 선생님이나 이문세 씨에게 죽음은 그리 두려운 일이 아니었다. 오히려 자신으로 살지 못하는 게 더 우려스러운 일이었다. 자신으로 충분히 후회 없이 살아온 사람에게 죽음은 오히려 즐겁게 다가오기도 한다. '즐거운 숲 공동묘지'는 바로 그런 사람들을 위한 공간이었다.

사람은 누구나 한 번 태어나 한 번 살다가 한 번 죽는다. 태어나는 것과 죽는 것을 내 마음대로 할 수 없다면, 내가 마음대로 할 수 있는 것은 한 번 사는 삶뿐이다. 그 삶이 가볍고 유쾌할수록, 떠나는 죽음이 즐겁다. 지금처럼 산다면 나는 즐거운 묘지에 즐겁게 묻힐 수 있을까? 생각이 깊어지는 밤이다.

VI

어른의 품격

누구도
다 가질 수는
없다

○ 만족

'사람이 다 가질 수는 없다'는 사실을 아는 사람이 어른이다. 중국에는 이런 이야기가 전해져 내려온다.

어느 부잣집에서 일하는 하인들은 아침저녁으로 쉴 수가 없었다. 그중 늙은 일꾼은 기력이 쇠했는데도 계속 일을 해야 했다. 그는 낮에는 힘들게 신음하는 일을 하고, 밤에는 깊은 잠에 들곤 했다. 그는 밤마다 꿈속에서 왕이 되어, 자기가 하고 싶은 대로 하며 잔치를 하고 즐겁게 노는 꿈을 꾸었다. 그러다 잠에서 깨면 또 고된 일을 했다. 다른 하인이 그를 위로하려 하자 그는 "인생 백 년은 낮과 밤으로 이루어져 있다. 나는 낮에는 고생하지만 밤에는 실컷 즐거움을 누리니 원망할 것이 없다."라고 말했다.

한편, 부잣집 주인은 밤마다 남의 하인이 되어 온갖 궂은 일을 하면서도 욕을 먹고 매를 맞는 꿈을 꾸었다. 그러다 병이 들어 친구에게 상의하자 친구가 말했다.

"자네는 지위가 있고 몸은 편안하며 재산이 넉넉한 것이 다른 사람보다 월등하네. 꿈에 하인이 되어 괴로움과 편안함을 반복하여 경험하는 것은 정상이라네. 깨어 있을 때와 꿈꿀 때 모두 편안함을 누릴 수는 없는 것 아닌가."

주인은 친구의 말을 듣고 하인들의 일을 줄여주었다. 그러자 근심도 줄어들고 병도 나았다.

『열자 列子』「주목왕 周穆王」에 나오는 이 이야기는 모든 걸 다 가진 사람은 없다는 지혜를 후세에 전한다. 이야기에 등장하는 주인은 이미 많이 가지고 있으면서도 더 가지려고 하인들에게 쉴 틈 없이 일을 시키는, 인생의 이치를 모르는 아이에 불과했다. 하지만 친구를 통해 사람이 다 가질 수는 없다는 사실을 깨닫자 내가 가지려던 것을 조금 줄이고 하인들의 즐거움을 늘려주었다. 그의 행동은 몸은 어른이지만 마음은 아이였던 사람이 마음도 어른이 되는 과정을 보여준다.

서양 격언 중에 '원하는 것 가운데 일부를 가지지 못한 상태를 행복이라 부른다'라는 말이 있다. 역시 사람이 모든 걸 다 가질 순 없다는 지혜가 담겨 있는 말이다. 모든 걸 가져야 행복하다고 말하는 세상에서 일부만 가져도 행복할 수 있다는 말은 마음을 편하게 만들어준다. 앞만 보고 전력 질주하던 우리 인생의 속도를 조금 낮춰도, 가끔 쉬어도 괜찮다는 위로는 다시 내일을 살아갈 용기를 선물해준다.

최근 매주 출연하는 아침 라디오 방송에 잘나가는 직장인의 사연이 들어왔다.

교수님, 안녕하세요? 출근하면서 애청하는 30대 직장인입니다. 또래에 비해 연봉이 꽤 높은 직장을 다니고 있는데, 여기가 업무 강도도 심하고 스트레스도 장난이 아닌 곳입니다. 그런데 제 속도 모르고 친구들은 "너는 좋겠다. 일만 잘하면 되네."라며 저를 부러워합니다. 정작 저는 다음 날 출근해서 실수할까 봐 매일 밤잠을 설치는 데 말이죠. 직장 선배는 어차피 직장인들은 다 이렇게 스트레스 받으면서 그 대가로 논 버는 거라고 하는데, 과연 제가 오래 버틸 수 있을지 모르겠습니다.

나는 이 청년에게 '천석꾼에게는 천 가지 걱정, 만석꾼에게는 만 가지 걱정이 있다'는 오래된 속담을 들려주며 지금 힘든 마음을 먼저 위로해주었다. 그리고 150년 전 살았던 철학자 쇼펜하우어가 한 이야기도 들려주었다. 쇼펜하우어는 불행한 사람과 행복한 사람은 종이 한 장 차이라며, 불행한 사람은 '지금 나에게 없는 것이 있으면 얼마나 좋을까'를 생각하는 사람이고, 행복한 사람은 '지금 나에게 있는 것이 없어진다면 어떨까'를 생각하는 사람이라고 했다.

청년은 불행한 사람의 공식을 따르고 있었다. 높은 연봉을 당연하게 생각하며, 지금 자신에게 없는 낮은 업무 강도와 스트레스 없는 환경을 그리워하고 있었다. 그가 만약 행복한 사람의 공식을 따랐다면, '다른 건 몰라도 높은 연봉이 있잖아.' 하며 감사의 마음을 가졌을 것이다.

그런 감사는 자신의 처지에 대한 안도감으로 이어진다. 사연을 보낸 사람도 잠을 잘 못 이루긴 하지만, 아직은 직장을 잘 다니고 있고 또 건강하다. 그리고 연봉이 높아 살 만하다. 스스로 해결하기 어렵다면 상담소를 찾아가 비용을 지불할 수 있는 여유도 있다. 지금 내가 가진 자원을 활용해 문제를 해결할 수 있다는 말이다.

이 직장인처럼 사람이 더 가지고 싶어 하고 현재 상황

에 불만을 가지는 첫 번째 이유는 좋은 것을 당연하게 여기기 때문이다. 일상생활에 불편을 주지 않는 건강 상태, 대인관계, 돈은 당연한 것 같지만 당연한 것이 아니다. 매우 특별한 것이다. 우리가 당연하게 여기던 게 실은 당연한 게 아니라 특별한 것이라 생각할 때, 더 가지고 싶어 하는 마음을 멈출 수 있다. 'Good Enough'란 영어 표현처럼 이미 나는 가지고 있는 것이 충분하다 여기는 것이다.

더 가지고 싶어 하고 현재 상황에 불만을 느끼는 두 번째 이유는 나보다 더 많이 가진 사람을 부러워하기 때문이다. '남의 떡이 더 커 보인다'는 속담이 그냥 나온 게 아니다. 내 떡은 항상 작아 보인다. 그것이 더 큰 떡을 가지고 싶어 안달하는 마음의 출발점이 된다. 이런 인간의 마음을 류시화 작가는 「길 위에서의 생각」이라는 시에 표현했다.

집이 없는 자는 집을 그리워하고
집이 있는 자는 빈 들녘의 바람을 그리워한다

내가 삶아온 삶을 되돌이켜봐도 그렇다. 평생 한 번도 다 가져본 적이 없다. 아이 때는 얼른 어른이 되길 바랐고, 어른이 된 뒤에는 근심 걱정 없이 놀던 아이 시절을 그리워

했다. 다른 사람의 인생과 비교해봤을 때도 마찬가지다. 남들이 가진 것 중에 내가 가지지 못한 것만 보이는 게 당연했다. 이럴 때 필요한 게 'Good Enough'의 지혜다. 사람의 인생은 태어나서 죽을 때까지 어느 정도만 가지고 사는 게 당연하다. 절대 다 가질 수 없다.

이를 알게 되면 나와 다른 사람을 바라보는 시선이 관대해진다. 비로소 인생의 본질, 인간의 숙명에 대한 깊은 이해가 생기기 때문이다. '사람은 누구나 다 가지고 있지 않고, 다 가지고 있지 않아도 괜찮다. 그게 인생이고, 인간이니까.' 어차피 다 가질 수 없는 게 인생이라면 지금 가지고 있는 것을 즐기며 살아야겠다는 마음이 생긴다. 동시에 아등바등 살아가는 사람을 바라보면 안쓰러운 생각이 들어 넉넉하게 품어줄 수 있다. 그 사람이 삶에 지쳐 도움을 구할 때 넌지시 사람은 다 가질 수 없더라는 내 경험과 깨달음을 들려줄 수도 있다.

어른이 되고 싶다는 마음만으로는 어른이 되지 못한다. 오히려 그 마음마저 내려놓고 자연스레 현재를 받아들일 때, 어른다운 것이 무엇인지 삶에서 발견하려고 노력할 때 우리는 조금씩 어른이 된다. 어떤 사람도 원하는 것을 다 가질 수는 없다는 사실을 늘 기억하자.

한 번
봐주라

○ 관용

"냉장고에 큰 우유 한 통이 있었어요. 그런데 남편이 또 우유 한 통을 사 온 거예요. 그게 안 보이나요? 그리고 애들 먹이라고 냉장고에 반찬을 여러 개 넣어두었거든요. 데우기만 하면 돼요. 그런데 애들 몸에 안 좋은 라면을 끓여줬더라고요. 귀찮아서 자기 편한 것만 한 거 맞죠? 그리고 멸치무침에 멸치가 달랑 하나 남았어요. 선생님 같으면 어떻게 하시겠어요? 그걸 먹고 치우거나 최소한 싱크대에 올려두지 않겠어요? 이 사람 어떻게 하는지 아세요? 그 멸치 하나 달랑 있는 걸 다시 뚜껑을 닫아서 냉장고에 넣어 둬요. 이거 이해되세요? 우리 남편이 이렇다니까요. 그런데 어떻게 제가 잔소리를 안 해요. 해도 들은 체도 안 해요. 다음에 또 그래요. 그러니 사람이 미쳐요, 안 미쳐요?"

속사포처럼 쏟아내는 아내의 말에 남편 눈이 왕방울만 하게 커졌다. 억울하다는 표정이다. 아내 말 가운데 틀린 게 있냐고 물었다. 남편이 말했다.

"다 아닙니다. 우선 우유는 좀 다르게 생긴 큰 통 있잖아요. 보통 길쭉한 통만 보다가 퉁퉁한 거를 처음 보니까 그게 우유인지 몰랐어요. 그래서 우유가 떨어졌나 싶어 한 통 사 온 것뿐이에요. 그리고 반찬 몇 가지 있는 거 알았어요. 애들한테 물어봤죠. 아빠랑 밥 먹어야 하는데 이거 차려줄까 했더니 싫다는 거예요. 라면 먹고 싶다는 거예요. 억지로 먹일 순 없잖아요. 그래서 라면을 끓여서 맛있게 먹었어요. 라면 먹으면 죽어요? 한 끼 정도는 라면 먹을 수 있잖아요. 영양실조 걸리는 것도 아니고, 병이 생기는 것도 아니고, 먹고 싶다는 라면 끓여준 게 그렇게 큰 죄인가요? 또 멸치는 하나가 아니고 요만큼 남았어요. 제가 워낙 멸치무침을 좋아해요. 그걸 왜 버립니까? 다음에 또 먹어야겠다 싶어 냉장고에 넣어둔 것뿐이죠. 그게 그렇게 잘못한 건가요?"

부엌에 들어가면 며느리 말이 맞고, 안방에 들어가면

시어머니 말이 맞다더니 아내 말을 들으면 남편에게 문제가 있고, 남편 말을 들으면 아내에게 문제가 있는 것처럼 들렸다. 그래서 답은 이거다. 세상에 진짜 문제는 없다. 문제라 생각하면 문제가 될 뿐이다.

나는 남편에게 물었다.
"이건 이상적인 얘긴데요. 상상하기 어려우시겠지만 만약 아내분이 이렇게 이야기했다면 어땠을까요?"
"어떻게요?"
"아유, 우리 남편이 우유가 있는 걸 못 보고 한 통을 또 사 왔나 보네."
"아내는 절대 그렇게 이야기하지 않아요."
"그래서 제가 이상적인 이야기라고 했잖아요. 이상적이지만 이렇게 이야기하면 어떨 거 같으냐는 거죠."
"아, 그럼 좋죠. 야단맞지 않으니까 좋죠."
"또 이렇게 말하면요? 에구, 하여튼 남자들은 애나 어른이나 라면 사랑은 못 말려."
"그럴 리가 없지만 이상적이라니까, 그럼 너무 좋죠."
"마지막으로, 여보, 멸치가 그렇게 좋아? 이러면요?"
"아, 선생님 왜 이러세요. 다 오버예요. 그런 일은 우리

어른의 품격 249

집에 없어요. 근데 만약 그렇게 말해준다면 눈물 나죠."

옆에서 듣고 있던 아내가 무안한지 두어 번 헛기침을 하더니 고개를 돌리고 먼 산만 바라보았다. 남편은 그런 아내를 힐끔힐끔 보다가, 다시 나를 보다가, 아예 아내의 반대편으로 고개를 돌렸다.

부부는 일 때문에 싸우는 게 아니다. 일을 바라보는 시선과 태도 때문에 싸운다. 남편을 바라보는 시선이 고우면 남편이 우유를 또 사 와도 웃을 수 있고, 라면을 끓여줘도 웃을 수 있고, 멸치를 눈곱만큼만 남겨놔도 웃을 수 있다. 반대로 시선이 따가우면 아무리 예쁜 짓을 해도 예쁘게 보이지 않는다. 선한 의도로 행한 일도 악의적으로 보인다.

물론 남편이 좀 더 눈썰미가 있었다면 멀쩡한 우유를 두고 또 한 통을 사 오지 않았을 것이다. 아이들 건강을 한 번 더 생각해서 아내가 만들어둔 밥과 반찬을 먹였을 것이고, 멸치무침도 아예 다 먹고 설거지해두었을 것이다. 남편에게 죄가 있다면 눈썰미와 센스가 부족한 것뿐, 나쁜 의도는 전혀 없는 사람이다. 자기도 모르게 그런 걸 욕할 수는 없다. 이럴 때 필요한 게 관용이라는 미덕이다. 너그럽게 품어주는 관용이 아내에게는 필요했다.

살면서 일어나는 일들에 대해 결과만 따지고 들면 살아남을 남편과 아내가 없다. 반대로 의도를 읽어줘서 죽을 남편과 아내도 없다. 이 모든 걸 가능하게 하는 게 관용이다. 아내가 관용을 베풀어 가볍게 넘어갈 때 남편은 아내가 부처님처럼 보이고 예수님처럼 보이는 법이다. 그런 부처 같고 예수 같은 아내 앞에서 남편은 진심으로 반성하게 된다.

'아내를 내가 더 신경 쓰게 하면 안 되겠구나. 냉장고에 이젠 뭐가 있는지 눈여겨보고 아이들 건강도 적극적으로 챙겨야겠다. 아내가 섭섭하지 않게 내가 더 잘해야겠다.'

부부 사이는 사소한 것이 거대한 것이다. 사소한 일 하나에 부부가 서로를 바라보는 시선이 드러나고, 서로를 대하는 태도가 보인다. 내 기준으로만 상대를 바라보지 말고 살짝 한 걸음 떨어져 그 의도를 읽어보자. 이게 성숙한 배우자의 자세이고, 좋은 어른의 태도다. 스토아 철학자 에픽테토스의 말처럼 우리는 일 때문에 힘든 게 아니라 일에 대한 시선과 태도 때문에 힘든 존재다. 나쁜 의도가 아니라면 슬쩍 한번 눈감아주는 사람. 그 사람이 좋은 배우자, 좋은 어른이다.

잘
내보내야
건강하다

○ 취미

"넌 어떻게 며칠씩 화장실을 안 가니? 먹기는 그렇게 많이 먹으면서."

"형, 저는 장애가 있어서 못 걷잖아요."

"그래서?"

"장이 자극을 못 받아요. 그래서 형보다 더 오래 있어야 소식이 와요."

"아, 그게 그런 거야?"

"형, 이게 저도 불편하고 힘들어요."

장애가 있는 후배의 집에 며칠 머물면서 한 번도 화장실에 가지 않는 게 신기해 물었다가 뜻밖의 대답을 들었다.

그런 거였구나. 걷고 뛰면서 장이 자극을 받아야 화장실에 가게 되는구나. 새삼 걷기의 힘이 대단하다는 걸 느꼈다.

들어가는 것과 나가는 것이 일정할 때 속이 편하다. 나가야 할 것이 나가지 못할 때 숙변이 쌓였다고 한다. 숙변이 나가지 않고 계속 있으면 결국 병이 된다. 잘 들어가고, 잘 흡수되고, 남은 것은 잘 나가야 건강하다.

살다 보니 우리 마음에도 몸과 똑같은 원리가 작동한다는 사실을 알게 되었다. 몸의 숙변이 있는 것처럼 마음의 숙변도 존재한다. 아픈 비밀이나 상처를 겉으로 표현하지 못하고 혼자 품고 있으면 마음의 숙변이 되어 마음을 힘들게 하고 결국 몸도 아프게 한다.

미국 텍사스대학교의 제임스 페니베이커James Pennebaker 교수는 「감정적 경험에 대한 글쓰기 또는 말하기writing or talking about emotional experiences」라는 논문을 통해 털어놓기가 몸과 마음의 건강에 얼마나 큰 영향을 미치는지를 발표했다. 그의 연구에 따르면 마음속 이야기를 솔직하게 털어놓으면 감정의 무게가 가벼워지면서 심리적 부담이 사라지고 스트레스가 사라진다고 한다. 또 어떤 사건을 말이나 글로 표현하면 깊은 안목으로 다시 보게 되어 제대로 이해할 수 있다고 했다. 그렇게 억눌린 마음이 풀리면 몸의 면역 기능이 향상되어 저절로 건강해진다는 것이다.

우리나라의 암 치료 전문가인 이병욱 박사는 『울어야 삽니다』라는 책을 펴내며 털어놓지 못한 깊은 마음의 상처가 결국 암으로 발전하게 된다고 말했다. 나아가 그는 암 환자들이 눈물을 흘리며 건강을 회복하는 눈물 치료법도 개발했다. 마음의 병을 치료하지 않으면 암 완치는 불가능하다는 게 그의 소신이다.

페니 베이커 교수와 이병욱 박사의 연구는 지극히 상식적인 원인과 결과를 심리학과 의학적 관점으로 규명한 것이다. 무엇이든 쌓이면 마음의 병이 되고 이는 몸의 병으로 이어진다. 반대로 털어놓기를 통해 마음의 숙변을 배출하면 몸도 낫는다.

나이를 먹을수록 취미를 가져야 하는 이유도 바로 털어놓기 위해서다. 속에 쌓인 피로와 스트레스를 골프든, 조깅이든, 등산이든 즐거운 방법으로 내보내야 오랫동안 건강하게 살 수 있다. 이런 관점에서 취미는 세 가지를 충족시킬 수 있어야 한다. 첫째, 재미있어야 하고, 둘째, 재미있으므로 시간이 어떻게 가는지 몰라야 하고, 마지막으로 마음속 스트레스가 사라지는 느낌이 들어야 한다.

나에게도 스트레스를 풀기 위한 취미 활동이 있다. 바로 만년필로 작은 그림을 그리는 일이다. 따로 그림을 배운 적은 없다. 그저 내 눈 가는 대로, 내 손 가는 대로 만년필을 움직이다 보면 여기가 어디인지 지금이 언제인지를 잊게 된다. 그림을 그린 뒤에는 삶에 대한 짧은 글을 그 아래 쓴다. 그러고 나면 뿌듯한 마음이 들면서 그간 쌓였던 스트레스가 스르르 사라지고 행복한 마음이 차오른다.

어린 땐 눈앞이 보이다
자라서 멀리까지 보이고,
커서는 보이지 않는 곳까지
보인다. 눈 성장하기가 인생사.

취미 활동이 좋은 까닭은 세상과 거리를 둘 수 있기 때문이다. 그림을 그리고 글을 쓴다고 누가 알아주는 것도 아니고 돈이 나오는 것도 아니다. 경제적 관점으로 보자면 시간과 에너지를 낭비하는 아무짝에도 쓸모없는 일이다. 하지만 만년필을 드는 순간 나는 세상과 동떨어진 산속으로 홀로 들어가는 기분을 느낄 수 있다. 산속 숲길을 걸으며 몸과 마음을 치유하고 새로운 활력을 얻는다. 그렇게 면역력을 높이고 다시 살아갈 힘을 얻는다.

혹시 아직 마음의 숙변을 비우는 취미를 찾지 못했는가. 누군가 물었을 때 취미 없는 게 취미라고 말하는 그런 재미없는 어른은 되지 말자. 진정한 어른은 스스로 삶의 재미를 찾고 건강도 지킬 줄 아는 사람이다. 더 늦기 전에 인생을 건강하게 만들어주는 취미를 꼭 찾기 바란다.

남돌나방의
비극

○ 균형

"좋은 일도 하고, 돈도 받으니 얼마나 좋아요."

학대받는 아동을 돕는 아동보호전문기관에서 25년째 일하고 있는 기관장이 페이스북에 이런 글을 남겼다. 하지만 복지 분야에서 일하는 모든 사람이 이런 생각을 하는 건 아니다. 반대로 그만두고 싶다는 사람이 더 많다. 이유는 단순하다. 받는 돈에 비해 지나치게 많은 일에 시달리기 때문이다. 게다가 그렇게 일하는 자신을 제대로 돌보지 않아 소진되고 방전되는 일이 비일비재하다. 그 결과 이 일이 좋다는 생각보다는 힘겹고 간신히 버티고 있다는 생각을 하게 되고, 이직률도 굉장히 높다.

우리 사회에는 아직도 어렵게 살아가는 사람이 많기 때문에 사회복지사들의 도움이 많이 필요하다. 그런데 사회복지사들이 정작 자신은 돕지 못해 스트레스를 호소한다니 너무 안타까운 일이다. 몇 해 전에는 경기도에서 사회복지사 두 분이 과로와 스트레스를 견디지 못해 스스로 생을 마감하기도 했다. 나는 이를 '남은 돌보면서 나는 방치하는' 남돌나방의 비극이라 부른다.

남돌나방의 비극은 사회복지사에게만 발생하지 않는다. 주변을 가만 둘러보면 남돌나방이 참 많다. 치매에 걸린 부모님을 10년 넘게 간병하는 자녀들이 그 대표적인 예다. '긴 병에 효자 없다'는 속담처럼 오랜 세월 아픈 부모님을 옆에서 모시다 보면 자녀들의 몸과 마음도 환자나 다름없게 되어버린다. 이런 사람들을 영어로 'Hidden Victim' 즉, '드러나지 않는 환자'라 한다. 간병하는 어느 자녀분께 소원이 뭐냐고 물은 적이 있다. 그런데 그 대답을 듣고 나는 깜짝 놀라지 않을 수 없었다.

"내일 해가 뜨지 않았으면 좋겠어요."

오죽했으면 이런 말을 할까 싶었다. 이들은 정서적으로도 고립되어 있었다. 다른 가족들이 치매 걸린 부모님 소식은 물어도 정작 수발드는 자녀의 소식은 묻지 않기 때문이다. 그 결과 이들은 삶의 모서리가 점점 닳아 사라지는 남 돌나방의 비극에 빠지고 만다.

미국 조지아주 조지아사우스웨스턴주립대에서는 매년 전국 단위의 학술행사가 열린다. 만성질환자, 암 환자를 돌보느라 자기 자신을 소진해 버린 사람들을 대상으로 한 행사다. 지금은 고인이 된 지미 카터 전 미국 대통령의 영부인 로잘린 카터 여사가 모교에 로잘린 카터 케어기빙연구소를 설립한 이래 40년 동안 행사가 치러지고 있는데, 암 환자 가족과 치매 환자 가족 등 남돌나방의 비극을 방지하기 위한 사회적·학술적 노력을 경주하고 있다.

나도 교수로 근무할 때 한국 로잘린 카터 케어기빙연구소의 일원으로 미국을 두 번 방문한 적 있다. 그때 본 미국의 돌봄 제공자를 살리기 위한 노력은 내게 큰 감동을 주었다. 그 대표적인 프로그램이 'Caring for Me, Caring for You'이다. 나를 돌보고 다른 사람도 돌보아야 한다는 것이다. 돌보는 사람이 건강해야 돌봄을 받는 사람도 더 좋은 서비스를 받을 수 있다는 생각은 상식처럼 여겨지지만, 현실에서는 아픈 환자에게만 관심의 초점이 갈 뿐, 돌보는 사람에게는 관심을 주지 않는다. 그러다 보니 관심의 사각지

대에서 외롭게 돌봄을 지속해야 한다. 몸도 아프고, 마음도 무겁고, 사는 것이 괴로운데 어디 마땅히 호소할 데가 없는 게 오늘날 돌봄 제공자들의 주소다.

몇 년 전 제주도에서 부부 상담을 한 적이 있다. 어느 부인은 자기 남편이 너무 좋은 사람이라서 싫다고 했다. 그 이유를 물었더니 제주도에 물난리가 나거나 화재가 발생하면 텔레비전에 꼭 남편이 봉사하는 모습이 나온다는 것이었다. 거기까진 괜찮단다. 그런데 며칠이고 집에 들어오질 않는단다. 그 사이 아내는 남편 걱정에 밤잠을 설치기 일쑤다. 집안 식구 생각도 좀 하라고 하면 남편은 어떻게 죽어가는 사람을 보고 그냥 지나칠 수 있냐며 오히려 아내를 나무란단다. 이 남편 또한 다른 가족 구한다고 자기 가족을 방치하니 남돌나방의 비극에 해당하는 사람이구나 싶었다.

결혼하고 일찌감치 우리 집 가훈을 정해 붓글씨로 크게 써 붙였다. 그 내용은 '나를 돕고 남을 돕자'였다. 세상은 나만 돕는 사람을 이기주의자라 욕한다. 그리고 남을 돕는 사람을 이타주의자라 찬양하며 어른으로 대접한다. 문제는 균형이다. 한쪽으로 너무 치우치면 누군가 괴로운 사람이 생긴다. 남은 방치하고 나만 돌보는 '남방나돌'도 문제지만, 내가 보기엔 남돌나방도 문제다. 건강한 사람은 나를 돌보고 남도 돌보는 사람이다. 그런 균형 감각을 가진 사람이 어른으로 대접받을 수 있다.

김영삼 대통령 시절 비서실장을 지낸 한광옥 의원의 아내가 암에 걸렸다. 아내는 남편이 자신을 돌보자 '이제야 당신이 내 곁에 있어 줘서 행복하다.'고 했다. 그 이야기를 듣고 나는 페이스북에 이런 글을 올렸다. '아내 하나 구하지 못하는 사람이 무슨 나라를 구하겠다고.' 이는 남돌나방의 비극이 누구에게나 일어날 수 있음을 보여주는 사례다.

남돌나방의 비극이 남돌나돌의 희극이 될 수 있기를 빈다. 나를 돕고 남도 돕자. 그게 진짜 남을 돕는 건강한 사람, 균형 감각 있는 어른의 모습이다.

나와
사이가 좋아지는
42

○ 워라밸

"제가요. 새벽 4시에 일어납니다."

"아, 그때부터 운전을 시작하시는 거예요?"

"예. 나이가 일흔이 다 되어가니까 아침잠이 없어져서 깨요."

"4시에 일어나는 게 무리가 없으시다는 말씀이네요."

"그렇지요. 그리고 오후 2시에 무조건 운전대를 놓습니다."

"새벽 4시에 시작해서 오후 2시에 끝나는 거네요."

"맞아요."

"왜 2시에 마치시죠?"

"더 하면 몸에 병이 생깁니다. 그리고 운전에 매이잖아요. 하루가 다. 오늘도 지금 오전 5시인데 손님까지 콜 받아서 두 사람, 3만 5천 원 했어요. 오늘은 2시보다 좀 더 일찍 들어갈 수 있겠네."

속초에 강의가 있어 새벽에 집을 나섰다. 아직 지하철이 다니지 않아서 어쩔 수 없이 동서울터미널까지 가는 택시를 잡았다. 문을 열자 기사님께서 경쾌한 인사로 손님을 반겨주었다. 택시 안에는 기사님이 뿜어내는 밝은 에너지가 가득했다. 그 비결을 묻자 기사님께서 균형 잡힌 자신의 일과를 들려주었다.

기사님은 아침잠이 없어져 새벽 3시를 조금 넘기면 잠에서 깨는데, 이때 멀뚱멀뚱 해가 뜨기만을 기다리지 않고 힘차게 일을 나선다고 했다. 기사님 컨디션이 좋으면 이른 새벽 택시를 타는 손님들의 기분도 좋아지는 법이다. 손님들과 즐겁게 얘기를 나누다 보면 더 즐겁게 다음 손님을 받을 수 있게 된다. 그러다 피로감이 느껴지는 오후 2시가 되면 딱 일을 멈춘다. 동네 가까운 공원에 가서 느긋하게 커피를 마시며 오가는 사람들을 구경한다. 그 뒤 산책을 하며 간단히 운동을 하고, 아내와 함께 저녁을 먹고 가끔은 동네 호프집에 가서 간단히 맥주 한 잔을 걸치기도 한다. 그러다 주말이 오면 손주 재롱을 보며 한 주를 행복하게 마무리한다.

누가 봐도 정말 이상적인 하루 사이클이었다. 더하지도 않고, 덜하지도 않은 딱 적당한 하루. 일과 쉼 사이의 그 섬세한 균형에 절로 감탄이 튀어나왔다.

"손님은 오늘 어디 일이 있어 가십니까?"
"예, 속초로 갑니다."
"하루 종일 일하세요?"
"하하. 아뇨. 세 시간만 일합니다."
"일 마치면 바로 오시겠네요?"
"아뇨."
"그럼 뭐 하세요?"
"영랑호 가서 걷기도 하고, 바닷가도 가보고, 온천도 하다가 저녁 늦게 버스 타고 오지요."
"아이고, 팔자가 좋으시네."
"기사님 팔자나 제 팔자나 다를 게 없는 것 같은데요."
"하하, 그런가요?"
"그럼요. 죽자고 운전만 하지 않는 기사님이나 죽자고 일만 하지 않는 저나 다르지 않지요. 저도 쉬고 놀면서 일하고, 기사님도 쉬고 놀면서 운전하시잖아요."

"그렇게 말씀하시니 정말 그렇네요. 기분 좋은데요."

"저도 저랑 비슷하게 사는 동지 만난 것 같아 기분 좋습니다."

몇 년 전부터 먼 지방에서 강의 의뢰가 들어오면 콧노래가 나온다. 또 강의 끼고 놀러 갈 하루가 생겼기 때문이다. 예전 같으면 돈도 안 되는데 멀리 가야 해서 피곤하다고 불평을 쏟아냈을 것이다. 그러나 강의 가서 강의만 하란 법이 어디 있나 생각하기 시작한 뒤부터는 일부러 강의 앞뒤 시간을 넉넉하게 잡았다. 그러자 별천지 세상이 펼쳐졌다.

강의 시작 전에 그 지역을 구경하고, 강의를 마친 뒤 다시 휴양에 빠졌다. 마치 지금은 돌아가신 송해 선생님이 그 지역 노래자랑을 하기 며칠 전에 내려가서 동네 목욕탕도 가고, 재래시장도 가서 국밥도 먹으면서 지역 인심과 상황을 미리 다 파악했다는 것처럼. 나도 강의 앞뒤로 충분히 넉넉한 시간을 두고 강의를 나서니 강의료가 많거나 적거나 별 불만이 생기지 않았다. 기차로 내려가면 기차여행이요, 버스로 내려가면 버스여행이 되니, 이제는 지방에서 강의를 불러주지 않나 기다릴 정도가 되었다.

사는 게 힘든 이유는 일에 모든 시간을 보내기 때문이다. 일을 조금 줄이고 내 삶을 조금 늘여 얻는 이득은 돈을 많이 버는 것보다 훨씬 크다는 사실을, 나이가 들면서 분명히 알게 되었다. 일흔이 된 택시기사님도 하루에 밤늦게까지 운전을 하면 분명 돈은 더 많이 벌 수 있을 것이다. 하지만 그의 입에선 하루도 빼놓지 않고 "아이고, 내 팔자야. 하루도 몸이 개운한 날이 없고, 가족들은 보지도 못하고 왜 이러고 사나." 긴 탄식이 그칠 날이 없을 것이다. 택시기사님이 근무 시간 내내 밝은 에너지를 내뿜을 수 있는 건 딱 벌 만큼만 일하고 나머지 시간을 나에게 투자하기 때문이다. 덕분에 그는 건강도 챙기고 가족도 챙길 수 있었다.

중요한 건 세상이 시키는 일과 내가 내 세상을 만드는 일의 균형감이다. 시대도 점점 내가 내 세상을 만드는 일을 중요하게 여기는 추세로 변하고 있다. 카페를 운영하는 조카는 오전 10시에 카페 문을 열고, 오후 2시에 문을 닫는다. 왜 더 일찍 열지 않느냐고 물었더니, 그러면 몸이 상한다고 했다. 그럼 왜 오후 늦게까지 하지 않느냐고 물었더니, 그러면 내 삶이 없어진다고 했다. 돈을 적게 벌더라도 내 몸 상하지 않고, 내가 살고 싶은 인생을 살려면 10시부터 2시까지 일하는 게 가장 좋다고 했다. 예전 같았으면 게 으르다고 타박을 받았을 말이지만, 지금은 이게 현명하게 사는 어른의 자세다.

세상에는 점점 이런 사람들이 늘어나고 있다. 새벽 4시부터 오후 2시까지만 운전하는 택시기사, 세 시간 강의하고 여덟 시간을 여행하는 강사, 오전 10시에 오픈해서 오후 2시에 카페 문을 닫는 사장들이 늘어나고 있다. 돈보다 중요한 건 바로 나라는 사실을 우리는 이미 알고 있다. 이런 사람들이 미래를 앞당겨 사는 어른이다. 내가 아니면 '뭣이 중헌디'.

오늘도 택시기사님을 만나 큰 교훈을 얻었다. 새벽 4시부터 오후 2시까지는 나와 사이가 좋아지는 42라는 걸. 이렇게 주변에 깨우침을 주는 어른이 많음에 늘 감사하다.

인생의
목적은
지금 여기

○ 최선

 "40년간 교직 생활을 했어요. 돌아보니 그 가운데 3분의 2는 살아내야 하는 삶을 살았더라고요. 제가 원하던 학교도 아니었고, 일이 잘 맞는지도 모르겠더라고요. 그런데도 형편이 넉넉하지 않다 보니 살아내야 했던 삶을 오랫동안 살았다 싶더라고요. 그래서 결심했던 것 같아요. 계속 이렇게 살고 싶지는 않다. 은퇴하면 진짜 내가 살아보고 싶은 삶을 살아야겠다. 그래서 나머지 3분의 1의 교직 생활 동안에는 이런저런 은퇴 준비를 했어요. 푸드테라피 강사 자격증 등 20여 개 자격증을 취득했지요. 은퇴 준비를 오래 한 셈이죠. 지금요? 은퇴하고 2년째인데 너무 바빠요. 교사로 살 때보다 훨씬 바쁜데 기분이 좋아요. 더 이상 살아내야 하는 삶을 살지 않으니까요. 요즘은 살아보고 싶은 삶을 살아요. 죽기 전에 꼭 한번 살아보고 싶은 삶을 살아가고 있지요. 살아내야 하는 삶은 사라지고, 살아보고 싶은 삶이 다가왔어요."

1년에 한 번씩 경치 좋은 곳에서 상처를 치유하는 시민 모임 붕대클럽 포럼이 열린다. 마지막 발표자는 전직 초등학교 선생님이었다. 그녀가 한 이야기에 40, 50대 참가자들의 뜨거운 박수가 터져 나왔다. 여전히 살아내야 하는 삶에 지친 참가자도, 이젠 살고 싶은 삶을 살기로 결심한 참가자도, 이미 살고 싶은 삶을 살기 시작한 참가자도 인생 선배의 행복한 표정을 보며 새로운 길에 대한 확신을 가지게 되었다.

살아내야 하는 삶은 끌려가는 삶이다. 즐겁지 않다. 언제 이 고생이 끝나나 한숨만 나온다. 반면에 살고 싶은 삶은 끌고 가는 삶이라 즐겁다. 이 삶이 빨리 끝나지 않기를 바란다. 사람에게는 같은 물리적 공간과 시간이 주어지지만, 누군가는 마지못해 살고 누군가는 기꺼이 살아간다.

"그런데 신기한 건요. 살고 싶은 삶을 살면서 돌아보니,

살아내야 하는 삶을 대충 살았다면 내가 정말 살고 싶은 삶이 어떤 것인지 알 수 없었겠다 싶은 거예요. 어쩔 수 없이 살면서도 저는 최선을 다해 가르치고, 배우고, 일했거든요. 그랬더니 자연스럽게 내가 싫어하는 게 뭔지, 반대로 좋아하는 게 뭔지 점점 분명해지더라고요. 내게 주어진 삶을 최선을 다해 산다는 건 체를 쳐서 내가 싫어하는 작은 돌은 빼내고, 좋아하는 큰 돌만 체에 남기는 거라는 걸 깨달았습니다. 이렇게 살든 저렇게 살든 그럼에도 불구하고 최선을 다해 그 일을 충실히 하는 게 내 삶에 대한 예의가 아닐까 싶어요."

더 큰 박수가 이어졌다. 얼핏 보면 아닌 것은 대충하고, 맞다 싶은 것은 열심히 하는 게 인생의 요령처럼 보인다. 그러나 선생님 말대로 '그럼에도 불구하고' 최선을 다하며 진짜 하고 싶은 일을 가려가는 게 인생을 제대로 사는 비결이다. 하지 않는 것보다 대충 하는 게 인생을 더 비루하고 시시하게 만든다는 걸 새삼 확인할 수 있었다.

선생님은 요즘 파크 골프에 입문해 건강을 가꾸고, 경제적 이득과 아무 관련이 없는 사람들과 순수하게 교제하며 하루하루를 새롭게 살아가고 있다. 푸드테라피 강사로 활동하며 초등학교를 비롯한 여러 단체에서 아이들과 부모들의 마음을 풀어주는 선한 영향력을 발휘하고 있으며, 시니어 모델과 시 낭송인으로도 활동하는 등 하루 24시간이 부족한 바쁜 생활을 보내고 있다. 선생님의 진짜 능력은 삶을 꼭 살아보겠다는 의지였다. 자신에 대한 사랑이 뒷받침된 더 나은 삶, 더 좋아하는 삶에 대한 의지가 걸림돌을 넘어서는 원동력이 되어 그녀의 인생을 활짝 피우게 만들었다.

"최선을 다해서 살면 좋은 게 하나 있어요. 나를 믿게 됩니다. 나는 뭘 해도 잘 해내는 사람이야. 그런 믿음이 생기죠. 내가 좋아하지 않는 일도 그렇게 잘 해내는데, 좋아하는 일은 말해 뭐합니까. 자신에 대한 그런 탄탄한 믿음이 뭐든 겁내지 않고 도전할 수 있도록 만들어줍니다. 좌절할 일이 생겨도 계속 기회의 문을 두드릴 수 있게 힘을 북돋워 줍니다.

저는 인생의 목적은 다음이 아니라 지금 여기라는 걸 알아요. 그게 제가 지금 이 나이에 행복하게 사는 비결로 우리 인생 후배님들에게 꼭 해주고 싶은 이야기예요. 지금 여기를 사세요. 최선을 다해서. 그러면 행복이 오지 말라 해도 저절로 여러분을 찾아옵니다. 제가 보장할게요."

선생님의 마지막 이야기에 사회를 보던 나도 뜨거운 박수를 보냈다. 붕대클럽의 대표로서 1년에 한 번씩 포럼을 준비하는 게 쉬운 일은 아니었다. 바쁜 와중에도 이런저런 준비를 하느라 시간을 쪼개고 또 쪼개야 했다. 하지만 선생님 덕분에 포기하지 않고 붕대클럽을 이끌어나가길 잘했다는 자부심이 생겼다.

삶을 한탄하고, 팔자를 탓하기에 나는 너무 소중한 존재다. 그런 내가 삶에 굴복당하고 사는 것은 자신에게 너무 미안한 노릇이다. 삶이 우리를 속일지라도 우리는 우리를 속이지 말아야 한다. 선생님 말씀처럼 '그럼에도 불구하고' 치열하게 그리고 열심히 살아야 한다. 그럴 때 삶은 우리에게 무릎을 꿇는다. 그래, 나에게 그만큼 충실했으니 이제부터는 너에게 충실하면서 살아봐라. 내가 고마운 마음에 너에게 보답을 해주마. 이렇게 말이다.

지금 여기서 행복한 이의 삶은 선생님의 삶처럼 언제나 눈물겹다. 선생님처럼 진짜 어른은 순탄한 삶을 바라지 않는다. 순탄한 삶의 일구고 가꾸어 나가는 나를 바란다. 붕대클럽의 이번 1년 농사도 성공적이었다.

더 낮은 곳에서
본질에
가깝게

○ 권력

여러 색이 섞여 있을 때는 내 색이 보이지 않는다. 하지만 섞인 색이 모두 사라지고 백지 위에 서면 나만의 색이 고스란히 드러난다. 가족과 여러 날 뉴욕 여행을 하게 됐다. 미리 일을 정리하고 온 덕분에 따로 할 일도 없었고, 만나야 할 사람도 없는 홀가분한 여행이었다. 그렇게 며칠을 보내자 나를 둘러싸고 있던 여러 색이 사라지고 백지 위에 선 내 모습과 마음이 보이기 시작했다.

뉴욕에서 먼저 내 눈에 띈 건 하늘을 찌를 듯한 높은 건물도, 멋지게 정장을 갖춰 입은 사람들도 아니었다. 지저분한 골목에서 쓰레기통을 뒤지며 빈 병과 캔을 줍는 사람들, 오랫동안 씻지 못한 게 분명한 행색으로 길거리를 오가며 구걸하는 사람들이 자꾸 눈에 걸렸다. 저들은 얼마나 삶이 고달프고 마음이 시릴까. 빛나는 사람들보다 어둠 속에 숨은 사람들에게 먼저 시선이 움직이는 내 모습을 보며 나는 내가 화려함과는 거리가 먼 사람이라는 걸 다시금 깨달았다.

물론 내가 좋아하고 가까이하고 싶은 사람도 화려함과는 거리가 먼 사람들이었다. 옷차림보다는 마음의 색깔을, 능숙한 언변보다는 짧지만 솔직한 말로 마음을 전하는 사람들. 하루는 수많은 인파로 붐비는 브루클린 다리를 걸었다. 전 세계에서 찾아온 각양각색의 관광객들이 저마다의 기쁨에 취해 사진을 찍고 있었다. 그런데 그 사이로 쓰레기를 줍는 동양계 할머니가 보였다. 할머니는 지게처럼 긴 막대기를 어깨에 걸고 양쪽에 큰 비닐봉지를 달았는데, 그 안에는 플라스틱병이 가득했다. 다리 중간중간에 놓인 쓰레기통에서 플라스틱을 수거하는 것이었다.

많은 관광객이 할머니를 흘끗거렸다. 그러나 나를 포함해 어느 한 사람 말을 거는 이는 없었다. 그때였다. 키가 농구 선수만큼 크고 머리가 희끗한, 독일어를 쓰는 어떤 노인이 할머니에게 다가가 말을 건넸다. 그의 아내는 곁에서 애잔하면서도 담담한 눈빛으로 둘의 대화를 경청했다. 나는 그 장면을 보며 가슴이 뭉클해지는 걸 느꼈다. 동시에 그렇게 하고 싶었지만 하지 못한 내가 부끄러워졌다.

할머니는 노신사의 등장에 살짝 놀란 듯했다. 하지만 긴장도 잠시, 몇 마디 얘기를 나누더니 입가에 환한 웃음을 띠었다. 나는 할머니의 웃음과 노신사의 미소를 보며 뉴욕에서 가장 아름다운 풍경을 볼 수 있어 행운이라고 생각했다. 우리는 종종 사람 위에 사람 없고, 사람 아래 사람 없다는 말을 하곤 한다. 그러나 그 말을 진짜로, 그것도 낯선 이국땅에서 실천하기란 쉽지 않다. 브루클린 다리 위에서 본 노신사는 그런 일을 해낸 위대한 사람이었다.

대화를 마친 노신사는 공손히 인사를 건네곤 아내와 함께 다시 길을 떠났다. 그 모습을 유심히 바라보던 사람이 나 말고 또 한 명 있었다. 바로 아들이었다. 노부부의 뒤를 쫓는 아들의 눈빛이 유난히 반짝였다.

"아빠. 할머니 표정 보셨어요? 어떤 일이 닥쳐도 이겨낼 수 있을 것 같은 강한 눈빛이었어요. 강한 사람이 살아남는 게 아니라 살아남는 사람이 강하다는 말도 있잖아요. 저 독일인 노신사는 할머니에게 살아남을 수 있는 힘을 준 거고요. 정말 멋진 분 같아요."

아마 아들도 독일인 노신사와 할머니를 보며 나와 비

숫한 감정을 느꼈던 것 같다. 이제 겨우 스물이지만, 세상을 바라보는 시선이 그 이상으로 성숙했다는 생각에 아버지로서 마음이 뿌듯했다.

내가 좋아하는 사람은 이런 사람들이었다. 힘들어하는 사람을 연민의 마음으로 바라보고 내 마음을 내어주는 사람, 기왕이면 직접 마음을 전하는 사람. 따지고 보면 평생 내가 해온 일도 이런 일이었다. 나는 사회복지 현장에서 취약하고 아픈 사람들의 깨지고 찢어진 마음을 30년 넘게 꿰매어 왔다. 잘못된 관계는 수선하거나 정리해주기도 했다. 그러다 보니 기쁨이나 환희보다는 고통과 아픔에 먼저 반응하고, 그런 사람들에게 다가가는 일의 가치를 높이 평가하는 사람이 되어 있었다. 이런 아버지의 모습을 뒤에서 지켜보며 아들도 비슷한 마음을 가지게 되었다는 게 참으로 기특했다. 지나온 내 인생이 인정받는 느낌이 들어 행복했다.

백지 위에서 내가 발견한 중요한 가치 중 하나는 '본질'이었다. 스테이크 잘하기로 소문난 맛집을 두 곳 방문했는데 한 식당은 뉴욕답게 대리석으로 고급스러운 분위기를 강조하는 곳이었고, 다른 한 식당은 오래된 노포처럼 나무로 벽을 세우고 원목 식탁 몇 개만 가져다 둔 단출한 곳이었다. 둘 다 맛은 훌륭했다. 하지만 내 입맛에는 단출한 식당의 스테이크가 조금 더 맛있게 느껴졌다. 겉으로 보이는 것들이 너무 과장되거나 화려하면 오히려 본질이 더 가려지는 느낌이랄까.

나 역시 살면서 늘 본질에 더 다가가려고 노력을 아끼지 않았다. 사회적 지위와 권력이 주는 영향력에 휘둘리지 않으려 경계하고 또 경계했다. 언젠가 명의로 알려진 친구에게 비결이 무엇인지 물은 적이 있다. 그 친구의 답은 간결했다.

"의사는 병을 잘 고쳐야 의사고, 선생은 잘 가르쳐야 선생이다. 맞제?"

정말 간단하지만 핵심을 콕 찌른 말이었다. 병을 잘 고쳐야 의사고, 잘 가르쳐야 선생이고, 돈을 잘 벌어야 장사꾼이다. 그저 병을 잘 고치기 위해 노력해온 그 친구의 마음이 그를 명의로 만들었다. 하지만 명의라고 사람들이 아무리 추켜세워도 그 친구가 가진 '병을 잘 고쳐야 의사'라는 본질적인 마음에는 변함이 없었다. 그래서 오랫동안 명의로서 사람들에게 존경받을 수 있었다.

화려한 지위와 강한 권력보다 중요한 것은 그 지위와

권력으로 세상에 어떤 기여를 하느냐다. 많은 사람이 역할에 따른 책임은 가볍게 여기고, 오직 명예와 편의만 챙기려 하는 게 우리 사회의 문제라고 본다. 높이 올라갈수록 책임은 무거워지고, 힘이 생길수록 말과 행동을 조심해야 하는 게 세상의 올바른 이치다. 그리고 이런 이치를 잊지 않는 건 겉모습보다 '본질'을 중요시할 때 가능하다.

사실 단출한 식당의 스테이크 맛이 더 좋게 느껴졌던 이유 가운데 하나는 서빙을 해주던 할아버지 웨이터 때문이다. 할아버지는 무려 40년째 웨이터라는 직업을 유지하고 있었는데, 사람들이 맛있는 식사를 할 수 있도록 돕는 자신의 직업에 대한 자부심이 대단했다. 웨이터라는 직업의 본질을 정확히 알고 있는 그의 모습에 이미 내 마음은 기울어져 있었다.

한국으로 돌아온 나는 다시 여러 색을 가진 사람으로 살아가고 있다. 하지만 화려한 도시 뉴욕에서 깨달은 백지 위의 내 모습을 잊지 않으려 노력하고 있다. 높은 곳보다 낮은 곳에 있는 사람들에게 시선이 가는 내 모습, 그런 사람들에게 가까이 다가가는 사람들을 좋아하는 내 모습, 화려함보다는 본질에 더 집중하려는 내 모습. 그렇게 조금씩, 느리지만 꾸준히 더 어른이 되어가는 중이다.

완벽하지 않아도
참 괜찮은 어른

초판 1쇄 발행 2025년 12월 9일
초판 2쇄 발행 2026년 1월 8일

지은이 이서원
펴낸이 신의연
책임편집 이호빈
펴낸곳 마이디어북스
등록 2022년 4월 25일(제2025-000015호)
전화 070-8064-6056
팩스 031-8056-9406
전자우편 mydearbooks@naver.com
인스타그램 @mydear___b

ⓒ 이서원 2025
ISBN 979-11-93289-63-1 (03810)

- 이 책은 저작권법에 따라 보호받는 저작물이므로 무단전재와 복제를 금합니다.
- 도서 내용의 전부 또는 일부를 재사용하려면 반드시 저작권자와 출판사의 서면 동의를 받아야 합니다.
- 책값은 뒤표지에 표시되어 있으며, 잘못된 책은 구입하신 곳에서 바꿔드립니다.